AF603329

CAMILLE BRÉMONT

COMÉDIE EN TROIS ACTES,

EN VERS.

DÉDICACE.

Pour l'héroïne de mon drame
J'ai pris quelques-uns de vos traits ;
Mais je me suis gardé, madame,
De lui donner tous vos attraits ;
Car en vous tant de grâce brille,
Dont les cœurs sont si vite épris,
Que Duval dédaignant Camille
Eut révolté tous les esprits.

CAMILLE BRÉMONT

COMÉDIE EN TROIS ACTES

EN VERS,

PAR FERDINAND ACHET.

BOURGES

IMPRIMERIE ET LITHOGRAPHIE DE Ve JOLLET-SOUCHOIS.

1860.

PERSONNAGES.

Brémont.	65 ans.
Camille, sa fille.	23 ans.
Darville.	64 ans.
Hortense, sa fille.	23 ans.
Dancour, avocat.	30 ans.
Duval, médecin.	29 ans.
François, domestique de Brémont.	40 ans.
Hélène, femme de chambre de Camille. . . .	25 ans.
Le père Gaspard, concierge.	

La scène se passe à Paris, chez Brémont.

CAMILLE BRÉMONT.

ACTE Ier.

Un salon au premier. Porte au fond au milieu. A gauche de cette porte un canapé, à droite une table de jeu. Au deuxième plan à gauche, une cheminée sans feu entre deux portes dont l'une, la plus éloignée, donne sur un cabinet, l'autre sur un escalier dérobé. A droite, en face de la cheminée, une console entre deux croisées. Sur le devant de la scène à gauche, deux fauteuils ; à droite, une causeuse. Journaux et brochures sur la console.

SCÈNE Ire.

BRÉMONT, DANCOUR, *entrant tous deux par la porte de gauche et continuant une conversation.*

BRÉMONT (1).

Ainsi, vous approuvez mon acquisition ?

DANCOUR, *lorgnant l'appartement.*

Oui, c'est très-beau.

(1) Dancour, Brémont.

BRÉMONT.

J'en suis pour près d'un million.

DANCOUR.

Ce n'est pas trop cher.

BRÉMONT.

Si ; j'ai fait une folie,
Mais, voyant que ma fille en avait grande envie,
Je n'ai pas calculé.

DANCOUR.

Vous avez très-bien fait.
(Le regardant avec attention.)
Mais vous allez bien mieux, il me semble?

BRÉMONT.

En effet.

DANCOUR, *allant déposer son chapeau sur le canapé.*

Vous vous plaigniez si fort de Monsieur de Varenne...

BRÉMONT.

Je ne m'en plaindrai plus... Il est mort...

DANCOUR.

Bah !...

BRÉMONT.

A peine
Après votre départ.

DANCOUR.

Ce n'est pas étonnant,
Car le cher homme était bien vieux... Et maintenant
Qui vous soigne ?

BRÉMONT.

Un docteur à peu près de votre âge,
Qui vient de s'établir dans notre voisinage,
Fort habile, ma foi... je l'attends aujourd'hui ;

Quand vous avez sonné, j'ai cru que c'était lui.
(Il va s'asseoir sur la causeuse, Dancour s'assied près de lui).
Çà, racontez-moi donc un peu votre campagne.
Vous avez, m'a-t-on dit, parcouru l'Allemagne ?...
Permettez-moi d'abord un reproche : en six mois
Ne m'avoir pas écrit, pas une seule fois !...
Un jour enfin, je suis allé voir votre mère
Tremblant qu'on ne m'apprît que vous étiez en terre...

DANCOUR.

Et vous n'avez jamais soupçonné la raison
De ce brusque départ, de ce silence ?...

BRÉMONT.

Non.

DANCOUR.

Votre fille non plus ?...

BRÉMONT, *frappé*.

Hé quoi ! ce grand voyage ?...

DANCOUR.

J'espérais de mon cœur arracher son image.
Ainsi, l'on est toujours de même à mon égard,
Et même accueil m'attend au retour qu'au départ ?

BRÉMONT.

Ma foi, mon cher ami, d'après ce long silence
Ma fille a bien pu croire à votre indifférence...
Que diable !... ainsi, c'était par dépit amoureux ?...

DANCOUR.

Et pendant mon absence, un rival plus heureux ?...

BRÉMONT.

Non. Plusieurs jeunes gens d'excellente famille
Dernièrement encore ont recherché Camille
Et Camille n'a pas même voulu les voir.

DANCOUR.

Voyez-vous là pour moi quelque sujet d'espoir ?

BRÉMONT.

Je crois qu'elle a juré de n'accepter personne.
Lorsque nous sommes seuls, souvent je la raisonne :
Je cherche à lui montrer, autant que je le puis,
Ce que le célibat peut entraîner d'ennuis,
Et quel triste avenir se prépare pour elle.
Mais à tous mes efforts je la trouve rebelle,
Enfin voilà Dieu sait combien de prétendants
Que nous congédions depuis cinq ou six ans.
C'est autant d'ennemis qu'elle me fait. Camille
A tort et pourrait bien un jour, comme la fille
Dont parle La Fontaine, avoir d'amers regrets.
Les partis s'en iront; vous le premier.

DANCOUR.

Jamais !
J'irai jusqu'à la fin et combattrai sans trêve.

BRÉMONT.

Puissiez-vous réussir! ce fut toujours mon rêve.
J'estimais votre père entre tous mes amis,
Et je serais heureux de vous nommer mon fils.

(*Dancour lui serre la main avec effusion*).

Bah ! nous viendrons peut-être à bout de l'obstinée...

(*Il se lève, Dancour se lève aussi*) (1).

Vous allez nous donner d'abord cette journée.
J'attends précisément deux convives.

DANCOUR.

Tant pis.

(1) Brémont, Dancour.

BRÉMONT.

Ne vous effrayez pas, ce sont d'anciens amis.
Vous vous rappelez bien Monsieur Darville ?

DANCOUR.

Certe.
Un bourru qui toujours avait la bouche ouverte
Pour se plaindre et crier après tout le monde.

BRÉMONT.

Oui,
Les rapports sont assez malaisés avec lui ;
Sa femme, qu'il lassait par son humeur mutine,
Venait se consoler vers ma pauvre Augustine...
(avec tristesse).
C'étaient deux nobles cœurs, généreux et fervents !

DANCOUR.

Elles vous ont laissé leurs deux portraits vivants.

BRÉMONT.

Darville, veuf, céda sa charge de notaire ;
Sa femme, près de Rouen, possédait une terre...
(Voyant Dancour plongé dans ses réflexions).
Ah ! ça n'allez-vous pas quitter cet air boudeur ?
Ma fille va venir, — soyez de bonne humeur ;
Qu'une franche gaîté près d'elle vous anime,
Et n'allez pas, surtout, vous poser en victime :
En amour, inspirer la pitié ne vaut rien...
Parbleu ! vous devriez essayer d'un moyen...
Pour tâcher d'éveiller sa tendresse endormie,
Si vous faisiez un peu la cour à son amie ?...

DANCOUR.

Je n'aime que Camille, et je hais les détours.

BRÉMONT.

Les chemins détournés sont souvent les plus courts :
« La femme, a dit un sage, est l'image fidèle
De notre ombre qui fuit dès qu'on court après elle,
Mais dès qu'on veut la fuir, elle court après nous. »

DANCOUR.

Ai-je assez longtemps fui Camille ?... et croyez-vous
Que j'en vais être plus avancé ?

BRÉMONT.

C'est possible ;
Car ma fille, après tout, est loin d'être insensible ;
Elle a bon cœur, j'en ai la preuve chaque jour.
— C'est elle. De l'aplomb.

(Il va prendre un journal sur la console et s'assied sur la causeuse.)

SCÈNE II.

BRÉMONT, DANCOUR, CAMILLE.

CAMILLE, *venant tendre la main à Dancour* (1).

C'est vous, Monsieur Dancour ?
Hé bien, avez-vous fait, Monsieur, un bon voyage ?
Savez-vous que voilà cinq mois et davantage
Qu'on ne vous avait vu ?...

DANCOUR.

Je n'en dis pas autant ;
Car je n'ai pas cessé de vous voir un instant.

CAMILLE.

Le joli madrigal, monsieur, que vous nous faites !...
On voit que vous venez du pays des poëtes.

(1) Dancour, Camille, Brémont.

DANCOUR.

Je ne vous dirai pas de quel pays je viens ;
J'ai souffert, voilà tout ce dont je me souviens,
C'est vous dire le but de ce pélerinage :
Fatigué de gémir dans un cruel servage,
Un jour le désespoir me conseilla de fuir
Et de courir le monde, afin de m'étourdir.
Mais en vain chaque jour de nouvelles merveilles
S'étalaient à mes yeux ou frappaient mes oreilles ;
Rien n'a pu remuer mon cœur sombre et jaloux,
Partout je ne voyais et n'entendais que vous.
Enfin, las de lutter et perdant tout courage,
Je reviens, frêle esquif menacé par l'orage ;
Hélas ! je viens savoir si votre inimitié
Pour ma souffrance encor restera sans pitié,
Ou si de mon amour cette dernière preuve
Vous fera borner là votre cruelle épreuve.
Du pauvre naufragé dans vos mains est le sort :
Par vous il va sombrer ou regagner le port !

CAMILLE.

De tant d'attachement, Monsieur, je suis confuse,
Et n'y pas mieux répondre est vraiment sans excuse ;
Mais, en vous résistant, croyez bien que mon cœur
Déplore le premier son injuste rigueur.
Je sais, car ma raison me l'a redit sans cesse,
Que nul n'est plus que vous digne de ma tendresse,
Et que je ne puis pas désirer pour époux
Un ami qui me soit plus dévoué que vous.
Mais, vous ayant toujours regardé comme un frère,
Je n'ai conçu pour vous qu'une amitié sincère
Qui me fait souhaiter vous voir trouver ailleurs
Unis à plus d'attraits, des sentiments meilleurs.
Vous n'avez qu'à choisir, car chacun vous fait fête.
Et les plus hauts partis briguent votre conquête.

Epargnez donc ce cœur qu'on ne peut raisonner.
Ne lui demandez pas plus qu'il ne peut donner.

DANCOUR, *allant prendre son chapeau sur le canapé.*

La déclaration est si claire et si nette,
Que l'ennemi vaincu n'a qu'à battre en retraite.

CAMILLE.

Vous ne serez jamais un ennemi pour moi.

DANCOUR.

Mais mon amour vous dicte une trop dure loi ?

CAMILLE.

Non. Vous m'offrez, Monsieur, une faveur insigne,
Et je vois à regret que je n'en suis pas digne.

DANCOUR.

Pensez-vous m'étourdir par de vains compliments ?

CAMILLE.

Je vous parle, monsieur, d'après mes sentiments.

DANCOUR.

Donc, toute tentative est ici superflue...
A ne point m'accepter vous êtes résolue...
Alors n'en parlons plus.

BRÉMONT, *à part.*

Je connais ce refrain.

DANCOUR.

Mais mon étonnement égale mon chagrin,
Car enfin je ne puis comprendre qu'à votre âge
On ait une pareille horreur du mariage.
Vous avez, il paraît, fait vœu de célibat?

CAMILLE, *vivement.*

Pas du tout.

DANCOUR, *se mordant les lèvres.*

Ah ! très-bien ! — Et par quel coup d'Etat
Doit-on vous conquérir?

CAMILLE.

Il faudra que l'on m'aime.

DANCOUR.

Vous ne pouvez douter...

CAMILLE.

Et que j'aime de même.

DANCOUR.

S'il faut des deux côtés pareil attachement,
Je ne réussirai jamais, assurément...

CAMILLE, *souriant.*

On n'est pas plus galant, et surtout plus modeste.

DANCOUR.

Bien... Raillez-vous de moi, Camille, mais j'atteste
Qu'il faut que votre cœur soit plus dur qu'un rocher
Pour que tant de douleur ne puisse le toucher ;
Et si je demandais au ciel une vengeance,
Ce serait qu'il vous fît connaître ma souffrance,
Qu'un homme fût aimé de vous, qu'à votre tour
Il vous initiàt aux douleurs de l'amour;
Qu'il vous brisàt le cœur et fut aussi barbare...
Non... qu'ai-je dit?... Voyez où la douleur m'égare...

CAMILLE, *émue.*

En effet, vous formez pour moi d'étranges vœux...

DANCOUR.

Comprenez-vous, au moins, que ce serait affreux?...

CAMILLE

Je vois que votre amour ne me croit pas capable
D'inspirer à tout autre une ardeur véritable.

DANCOUR.

Pardonnez-moi, Camille, un aveugle transport;
Non, non, vous n'avez pas à craindre un pareil sort;
Et mes nombreux rivaux et mes vives alarmes
Vous ont assez appris le pouvoir de vos charmes;
Combien de malheureux vous avez déjà faits!...
Moi seul j'ai persisté, car seul je vous connais;
Dans le monde on vous tient pour fière et dédaigneuse.
Moi, je sais que votre âme est grande et généreuse,
Et jamais, en dépit de vos cruels refus,
Je n'ai laissé de rendre hommage à vos vertus.

CAMILLE.

Je le sais et j'en suis d'autant plus mal à l'aise...

DANCOUR, *avec amertume.*

Je comprends qu'en effet mon amitié vous pèse,
Quand vous m'avez donné le droit de vous haïr.

CAMILLE, *à son père, comme par distraction* (1).

Mon père, le docteur ne doit-il pas venir?

BRÉMONT, *toujours assis.*

Oui. Pourquoi?

DANCOUR, *ne se contenant plus.*

Mais c'est clair... c'est afin que je sorte.
Il ne me manquait plus qu'être mis à la porte.

CAMILLE, *protestant.*

Oh! je n'ai pas...

(Brémont se lève.)

(1) Brémont, Camille, Dancour.

DANCOUR, *saluant Camille.*

Adieu, mademoiselle...
(*Fausse sortie.*)

BRÉMONT, *à sa fille.*

Eh bien!
Tu vois qu'il va partir et tu ne lui dis rien?...

CAMILLE.

Je connais votre cœur, monsieur, et je me flatte
Qu'il sera généreux, même pour une ingrate.

BRÉMONT, *remontant avec Dancour.*

Nous vous attendrons.

DANCOUR.

Non, j'ai déjà trop souffert.

BRÉMONT, *finement.*

Bah!... je ferai toujours mettre votre couvert.

SCÈNE III.

CAMILLE, BRÉMONT.

CAMILLE (1).

Nous devions donc l'avoir à déjeuner?...

BRÉMONT.

J'espère
Encore qu'il viendra, car autrement, ma chère...

CAMILLE, *le câlinant.*

Tu serais furieux?

(1) Camille, Brémont.

BRÉMONT.

Je ne suis pas content.
Peux-tu traiter ainsi quelqu'un qui t'aime tant !
Car enfin, tu le vois, cette course lointaine
Etait de son amour une marque certaine.

CAMILLE.

Il pensait m'oublier en s'éloignant ainsi.

BRÉMONT.

Mais il est évident qu'il n'a pas réussi.

CAMILLE.

Pourquoi s'enfuir ainsi, brusquement — sans rien dire ?

BRÉMONT.

Que veux-tu ?

CAMILLE.

Tout au moins il devait nous écrire.
J'allais céder peut-être alors qu'il est parti ;
Mais ne le voyant plus, moi, je l'ai cru guéri.

BRÉMONT.

Voyons. Puisque ton cœur était près de se rendre...

CAMILLE, *le reprenant.*

Peut-être.

BRÉMONT, *s'asseyant et prenant Camille sur ses genoux.*

Il ne s'agit alors que de reprendre
Votre roman au point où vous l'aviez laissé.
Pauvre Jules ! tu l'as amèrement blessé !
Et je n'en reviens pas, car, autant qu'il me semble,
Vous vous accorderiez parfaitement ensemble.
Tu vois quelle excellente idée il a de toi ;
Je crois qu'il te connaît mieux encore que moi ;
Quant à lui, le nommer c'est faire son éloge,
Et tu ne penses pas que jamais il déroge.

Je suis vieux, mon enfant; avant que de partir,
Je voudrais assurer ton bonheur à venir.

CAMILLE, *l'embrassant.*

Mon bon père !...

BRÉMONT.

Eh bien ! quoi ? veux-tu que je le voie
Et que je lui remette au cœur un peu de joie ?
(Voyant Camille baisser les yeux.)
Il te déplaît donc bien ?...

CAMILLE.

Je ne l'aime pas !

BRÉMONT.

Bon !
Quel esprit romanesque ! Aie un peu de raison.
Mon Dieu ! tu ne ferais que ce qu'a fait ta mère.

CAMILLE, *vivement.*

Ma mère t'adorait...

BRÉMONT.

Oui, d'un amour sincère.
Personne, n'est-ce pas, ne se serait douté
Qu'elle m'avait d'abord de bien loin rejeté.
Et sans doute jamais je ne l'eusse obtenue,
Si sa mère pour moi ne fût intervenue.

CAMILLE.

Et pourquoi donc ma mère...

BRÉMONT.

Un instant, le soupçon
Qu'elle avait le cœur pris me donna le frisson,
Et j'étais prêt à faire un cruel sacrifice.
Dieu merci ! comme toi, c'était par pur caprice....

Camille, *qui prêtait l'oreille au dehors, quittant vivement les genoux de son père.*

On vient...

(La porte du fond s'ouvre, François paraît.)

François.

Monsieur Duval...

(Duval entre. François sort.)

SCÈNE IV.

BRÉMONT, CAMILLE, DUVAL.

Brémont, *se levant.*

Bonjour, mon cher docteur!...

Duval, *saluant.*

Monsieur, mademoiselle...

(Camille s'incline. A Brémont, en ôtant ses gants.)

Eh bien!... notre douleur?

(Camille va s'asseoir sur la causeuse, prend sa broderie et travaille (1).*)*

Brémont.

Eh bien! grâce à vos soins notre douleur se passe,
Et Dieu sait cependant comme elle était tenace!
Ce remède si simple a produit un effet...
Depuis ce temps la fièvre a cessé tout-à-fait.

Duval, *après lui avoir tâté le pouls.*

Cela va bien.

Brémont.

Mais oui... je me porte à merveille;
Je me sens d'une force aujourd'hui sans pareille...

(Prenant les deux mains du docteur.)

(1) Brémont, Duval, Camille.

Ce cher docteur! combien je rends grâce au destin,
Qui vous fit à propos trouver sur mon chemin,
Lorsqu'en rentrant chez moi cette crise imprévue
Faillit me renverser au milieu de la rue.

DUVAL.

Le bonheur fut pour moi. — Sans cette occasion,
Vous en seriez encore à connaître mon nom.

BRÉMONT.

Attendez donc, docteur, vous commencez à peine ;
Mais vous arriverez, la chose est bien certaine.

DUVAL.

J'en doute et je crains fort de rester inconnu,
Car à Paris, à moins d'être bien soutenu...

CAMILLE.

Mais, monsieur, vous avez quelques amis peut-être
Qui parleront de vous et vous feront connaître.
(Duval s incline.)

BRÉMONT.

La concurrence est telle, il est vrai, de nos jours,
Qu'avoir un beau talent ne suffit pas toujours ;
Pour être remarquée, il faut que la statue
Sur un bon piédestal soit mise bien en vue.

DUVAL.

Or, il me manque tout, statue et piédestal.

BRÉMONT, *vivement.*

Non pas.

CAMILLE.

Douter ainsi de l'avenir, c'est mal.
Vous réussirez, moi, j'en suis persuadée.

DUVAL.

Puissiez-vous dire vrai !
(Duval jette sur Camille un regard plein de mélancolie, puis il baisse les yeux et paraît absorbé dans ses réflexions.)

CAMILLE, *frappée du regard de Duval, à part.*

Comme il m'a regardée !
Bah ! je suis folle ! (*Haut.*) Ayant le mérite qu'il faut,
Le courage, monsieur, vous fera-t-il défaut ?
Si vous êtes toujours à craindre une défaite,
Et si le moindre obstacle en chemin vous arrête,
Vous courez grand danger de rester incompris,
Et de voir vos rivaux vous enlever le prix.

BRÉMONT.

Bravo !

DUVAL, *qui pendant la tirade de Camille est resté plongé dans une sombre rêverie, est réveillé comme en sursaut par l'exclamation de Brémont.*

Quoi ?

BRÉMONT.

Sans façon ma fille vous sermonne,
Mais vous avez dormi, je crois, pendant le prône.

DUVAL.

Excusez-moi. — Je suis par moments si distrait !. .

BRÉMONT, *souriant.*

Je m'en suis aperçu quelquefois en effet ;
Mais quand rêvera-t-on, si ce n'est à votre âge !
Vous méditez peut-être un important ouvrage ?

DUVAL.

Non.

BRÉMONT.

Tant pis...

DUVAL.

A quoi bon? Qui ferait cet effort
De lire un inconnu ?

BRÉMONT.

Mais vos amis d'abord.

DUVAL.

Les soi-disant amis de celui qui débute
Sont souvent des jaloux qui désirent sa chute.

BRÉMONT.

Ah ça ! décidément, vous voyez tout en noir.
A votre âge, d'où vient ce sombre désespoir ?
Mais... je suis indiscret... Je n'y prenais pas garde,
Pardon...

DUVAL, *confus.*

Du tout, monsieur...
(Moment de silence. Camille va parler bas à son père. Duval la regarde avec attention.)

DUVAL, *à part* (1).

Ah ! plus je la regarde,
Et plus ce souvenir...

BRÉMONT, *se rapprochant de Duval.*

Docteur, voudriez-vous
Rester à déjeuner, sans façon, avec nous ?

DUVAL, *s'inclinant.*

Monsieur, je...

CAMILLE.

Malgré vous, nous voulons vous distraire,
Et de vos airs rêveurs découvrir le mystère.
C'est curiosité...

BRÉMONT, *à Camille, d'un ton de reproche amical.*

Camille ! *(A Duval.)* Nous serons,
Vous compris, cinq ou six au plus. Nous attendons
Deux personnes de Rouen...

DUVAL.

De Rouen !..

(1) Camille, Brémont, Duval.

BRÉMONT.

Oui, c'est la ville
Qu'habite maintenant mon vieil ami Darville.

DUVAL.

Monsieur Darville, ancien notaire?

BRÉMONT.

Justement.
C'est un provincial encroûté maintenant ;
Il est comme enterré là-bas, avec sa fille.
Sa fille était l'amie intime de Camille.

CAMILLE.

Chère Hortense! J'ai bien regretté son départ.

DUVAL, *à part.*

La retrouver ainsi! quel étrange hasard!

BRÉMONT.

Pour que vous connaissiez d'avance vos convives,
Le père a quelquefois des allures très-vives;
Il se fâche d'un rien et vient pour consulter
Au sujet d'un procès qu'il voudrait intenter.
Mais n'allez pourtant pas le mal juger. En somme,
Il a toujours passé pour un très-honnête homme.

DUVAL.

Mais je le connais...

BRÉMONT.

Ah!

DUVAL.

J'ai cru vous l'avoir dit.

BRÉMONT.

Tant mieux! (*Regardant l'heure à la pendule.*)
Mais voici l'heure. (*Frappé d'un souvenir.*)
Ah! Dieu! suis-je étourdi!...
Heureusement la gare est tout près. (*A Camille.*)

Dans ma lettre
A Darville, j'ai bien oublié de lui mettre
Que nous avons changé de logement. — Bah !
(Allant prendre son chapeau.)
Tiens
Un instant compagnie au docteur. Je reviens.
Docteur, excusez-moi. *(Il sort par la porte du fond.)*

SCÈNE V.

CAMILLE, DUVAL.

DUVAL.

Je ne sais comment faire
Pour répondre aux bontés de monsieur votre père.
Vraiment, j'en suis honteux...

CAMILLE.

C'est donc bien mal à vous,
Monsieur, d'avoir si peu de confiance en nous.
Pourquoi de vos chagrins vouloir faire un mystère ?
Vous voyez l'intérêt que vous porte mon père,
Et moi-même, croyez que s'il dépend de moi...
Voyons, ne puis-je rien pour vous?

DUVAL.

Ah ! je le voi,
Vous savez mon secret !...

CAMILLE.

Vous croyez ?

DUVAL.

Oui, sans doute.
(A part.)
Son amie a dû tout lui dire.

CAMILLE.

Eh bien ? j'écoute...

DUVAL, *après un silence. (Musique en sourdine jusqu'à la fin de la scène.)*

L'ennui que malgré moi je vous ai laissé voir,
A pour cause en effet un amour sans espoir.
Cet amour m'est venu pour mon malheur peut-être,
Mais de ses sentiments on n'est pas toujours maître.
Longtemps j'ai résisté. — Pourtant, croyez-le bien,
L'orgueil, l'ambition, ici ne sont pour rien !
Peu m'importe en quel rang le hasard l'a placée,
Celle que j'aime seule occupe ma pensée.

CAMILLE.

Alors pourquoi, monsieur, perdez-vous tout espoir?

DUVAL.

Et quel espoir mon cœur pourrait-il concevoir ?
J'ai fait ce que j'ai pu pour me faire comprendre.

CAMILLE, *étonnée.*

Comment donc ?

DUVAL.

Mais à peine a-t-on daigné m'entendre.

CAMILLE, *à elle-même.*

Je ne me souviens pas...

DUVAL.

Après tout je me dis
Qu'on n'a pas refusé tant de brillants partis
Pour un homme au début encor de sa carrière,
Pauvre, ignoré...

CAMILLE, *blessée.*

Vraiment, on la croit donc bien fière ?

DUVAL.

Je l'ai jugée ainsi, je ne le cache pas ;
(*Mouvement de Camille.*)
Aussi n'osais-je point faire le premier pas.
Mais pardon... vous trouvez mon jugement sévère ?

CAMILLE, *vivement.*

Non, non. Votre franchise est loin de me déplaire.

DUVAL.

Je puis m'être trompé… Pardonnez-moi.

(*Bruit au dehors. Camille fait signe à Duval d'écouter.*)

DARVILLE, *en dehors.*

Mais non !

BRÉMONT, *en dehors.*

Tu perdras.

DARVILLE, *en dehors.*

Eh ! morbleu ! j'ai tort ou j'ai raison.

CAMILLE, *à Duval, en souriant.*

Ce n'est rien.

(*Elle remonte. Duval reste sur le devant de la scène, à l'extrême droite.*)

SCÈNE VI.

DUVAL, CAMILLE, BRÉMONT, DARVILLE, HORTENSE.

CAMILLE, *allant à Hortense, qu'elle embrasse.*

Chère Hortense ! enfin !

HORTENSE.

Chère Camille !

CAMILLE (1).

Bonjour, monsieur Darville.

DARVILLE.

Et je prétends…

(1) Brémont, Darville, Camille, Hortense.

BRÉMONT.

Ma fille
Te salue...

DARVILLE, *se retournant un peu brusquement.*

Ah ! très-bien ! (*Il la baise au front.*)

DUVAL, *qui s'est approché d'Hortense, la saluant.*

Mademoiselle...

HORTENSE, *à part.*

Lui !...

(*Camille vient la prendre par la main et elles vont s'asseoir sur la causeuse.*)

DUVAL, *à Darville.*

Monsieur Darville...

DARVILLE, *qui causait avec Brémont, se retournant brusquement.*

Qu'est-ce encore? — Vous ici !...
Vous avez, pour Paris, déserté la province ;
Mais vous vous y ferez un revenu bien mince,
Mon cher...

BRÉMONT.

Où donc as-tu connu monsieur Duval ?

DARVILLE.

A Rouen.

BRÉMONT, *surpris.*

Ah !

DARVILLE.

Dans sa ville il n'allait pas trop mal ;
Mais je ne pense pas qu'à Paris...

(*François entre.*)

FRANÇOIS.

On demande
Monsieur Duval.

DUVAL.

Qui ? Moi ?

FRANÇOIS.

La baronne d'Ostende
Vous attend chez elle.

BRÉMONT.

Oui, c'est une amie à nous
A qui nous avons dit beaucoup de mal de vous.
Comme de son docteur elle est fort mécontente,
Vous pouvez désormais la compter pour cliente.
Allez donc voir comment va sa migraine et puis
Revenez-nous vite...

DUVAL, *avec confusion.*

Ah! monsieur, vraiment je suis...

BRÉMONT.

Bah! entre honnêtes gens, c'est bien le moins qu'on s'aide.

(Duval sort avec François, après avoir jeté un regard sur Hortense.)

SCÈNE VII.

LES MÊMES, *moins* DUVAL.

DARVILLE, *s'asseyant sur l'un des deux fauteuils à gauche.*

Ainsi donc, à ton sens, c'est à tort que je plaide ?

BRÉMONT, *s'asseyant sur l'autre fauteuil* (1).

J'ignore ce qu'en va dire ton avocat ;
Mais le point me paraît, à moi, bien délicat.

(1) Brémont, Darville.

DARVILLE.

Pourquoi donc ? Il s'agit de démontrer, en somme,
Que ce sont les moutons que m'a vendus cet homme
Dont le mal a gagné ceux que j'avais déjà.

BRÉMONT.

Sans doute; mais encor faut-il prouver cela.
Or, ne m'as-tu pas dit toi-même, tout-à-l'heure,
Que les nouveaux étaient d'apparence meilleure
Que les anciens ?

DARVILLE.

C'est vrai; mais je ne t'ai pas dit
Que les anciens étaient malades... (*Il se lève.*)

BRÉMONT.

Il suffit
Du doute, en pareil cas, pour que...
(*Ils remontent et continuent leur conversation.*)

CAMILLE, *à Hortense.*

Ma pauvre amie !
Tu dois bien t'ennuyer à ce genre de vie.

HORTENSE.

Moi ? mais non...

CAMILLE.

Non ? Comment est-ce donc que tu fais ?
Rien ne te contrarie et partout tu te plais ;
Tu te montres toujours résignée et contente,
Et jamais le bonheur des autres ne te tente.
Je devrais modeler mon esprit sur le tien,
Moi qui souvent m'irrite et me fâche pour rien.

HORTENSE.

Tes qualités n'ont rien à m'envier, ma chère.

CAMILLE.

Non, je suis loin d'avoir ton heureux caractère.
Ce fut toujours ainsi, du reste, et je te vois
Absolument la même aujourd'hui qu'autrefois.
Comme à la pension on te trouvait soumise !

HORTENSE.

Et comme on y vantait ton bon cœur, ta franchise !

CAMILLE.

Il est bien loin, ce temps de nos joyeux ébats!

HORTENSE.

Mais tu ne parais pas trop triste...

CAMILLE.

Parlons bas.
Tu sais que dans un temps j'étais bien décidée
Contre le mariage...

HORTENSE.

Oui.

CAMILLE *se lève, prend Hortense par le bras et remonte avec elle.*

J'ai changé d'idée.

HORTENSE.

Ah!

(Elles continuent de causer à voix basse.)

BRÉMONT, *qui est redescendu avec Darville.*

Je ne comprends rien à ton acharnement.
Mais, de grâce, laissons cela pour le moment;
Tu ne songes donc pas à marier ta fille?
Cependant elle est d'âge....

DARVILLE, *piqué.*

Elle est d'âge... Camille
Est d'âge aussi, je pense...

BRÉMONT.

Elle a deux mois de plus.
Mais quoi ! tous mes efforts ont été superflus.
Camille ne veut pas se marier...

DARVILLE.

Je trouve
Que ta fille a raison, oui, certes, et je l'approuve...
Sotte chose, après tout, que cet accouplement
De deux êtres heureux, naguère, isolément,
Et qui se sont unis pour leur commun supplice,
L'un par ambition et l'autre par caprice.

BRÉMONT.

Tu trouves donc beaucoup d'attraits au célibat ?

DARVILLE.

Entre deux maux on doit toujours choisir le moindre.

BRÉMONT.

Bah !
Il te sied bien vraiment de tenir ce langage !
Ta femme était un ange.

DARVILLE.

Avant son mariage.
Soit.

BRÉMONT.

C'est ta faute à toi si son cœur s'est aigri.

DARVILLE.

Eh ! parbleu ! c'est toujours la faute du mari !

BRÉMONT, *après avoir haussé les épaules.*

Et ta fille ne s'est jusqu'ici décidée
Pour aucun des partis qui te l'ont demandée ?

DARVILLE, *avec embarras.*

Pas encore...

BRÉMONT.

Elle n'a que l'embarras du choix.
Tu dois être assailli ?

DARVILLE.

Beaucoup moins qu'autrefois.
(*Baissant la voix.*)
On la sait difficile à tel point que personne
N'ose plus se risquer.

BRÉMONT.

Vraiment ? Cela m'étonne.
(*Brémont va causer avec Camille et Hortense.*)

DARVILLE, *à part.*

Qui ? Moi, donner ma fille ! Allons donc ! — Quand quelqu'un
Vient me la demander, au diable l'importun !
Mais tous je les renvoie avec la même excuse :
J'ai consulté ma fille... et ma fille refuse.
(*S'essuyant le front.*)
Dieu ! qu'il fait chaud ! (*A Brémont.*)
Ah ça ! déjeûne-t-on chez toi ?

BRÉMONT.

Pourquoi demandes-tu cela ?

DARVILLE, *tirant sa montre.*

C'est que je croi
Qu'il est grandement temps. (*Il regarde l'heure.*)

CAMILLE.

Si vous désirez prendre
Quelque chose, monsieur Darville, pour attendre...

DARVILLE.

Non, c'est mon avocat... Mais je vais profiter
De ce que j'ai le temps pour l'aller consulter.

CAMILLE, *regardant la pendule.*

Ne soyez pas absent plus d'une demi-heure.

DARVILLE.

Je n'ai qu'un mot à dire, et mon homme demeure
A deux pas...

BRÉMONT.

Attends donc après le déjeûner.

DARVILLE.

Non... il me tarde trop... ça je vais t'emmener.
Toi qui dis que j'ai tort, et je jouis d'avance
De ta confusion après cette audience.
Arrive...

BRÉMONT, *prenant son chapeau d'un air résigné.*

Allons !...

SCÈNE VIII.

CAMILLE, HORTENSE.

CAMILLE.

Ainsi vous le connaissiez ?

HORTENSE.

Oui.

CAMILLE.

Et dans le monde, à Rouen, que pense-t-on de lui ?

HORTENSE.

Beaucoup de bien. Il a l'estime générale.

CAMILLE.

Tant mieux !... si tu savais, ma joie est sans égale.
Comme on change ! vois donc : moi qui disais si bien
Que je voulais rester libre. — Tu te souvien ?...

HORTENSE.

Tu n'as plus aussi peur de te donner un maître...

CAMILLE.

C'était un fol orgueil, je dois le reconnaître;
Et puis je n'aurais pas un maître bien méchant ;
Le docteur est timide et doux comme un enfant,
Il ne savait comment s'y prendre pour me faire
Sa déclaration...

HORTENSE.

La crois-tu bien sincère ?
Monsieur Duval est pauvre, ambitieux.

CAMILLE.

Tu croi
Que c'est plutôt ma dot qu'il désire que moi ?
C'est peu flatteur pour moi, moins encor pour lui-même ;
Merci pour tous les deux.

HORTENSE, *vivement.*

Non, je plaisante... il t'aime...
Ton père... qu'en dit-il ?

CAMILLE, *rêveuse.*

Il n'en sait rien encor.
Je voulais que Monsieur Duval parlât d'abord ;
J'avais pu me tromper, et je vois, à t'entendre,
Que je ferais peut-être encore bien d'attendre.

(elle se lève).

HORTENSE, *se levant aussi.*

Quoi !... vas-tu t'arrêter à ce que je t'ai dit ?...

CAMILLE.

Ce serait à la fois bien lâche et bien hardi,
Car... mais non, je suis folle et je lui fais injure !...

(regardant par la fenêtre).

C'est lui ! *(vivement).*

Je sors ; mais toi, reste, je t'en conjure.

HORTENSE.

Tu veux ?...

CAMILLE.

Parle-lui, cherche à lire dans son cœur.

HORTENSE.

Es-tu folle ?

CAMILLE.

Tant pis !... pourquoi m'as-tu fait peur ?
Tu me rassureras toi-même pour ta peine.
— Je me sauve.

(Elle sort par la porte de gauche. Hortense va prendre sur la console un livre qu'elle ouvre au hasard, puis va s'asseoir sur la causeuse.).

SCÈNE IX.

HORTENSE, DUVAL.

DUVAL, *après avoir regardé autour de lui, apercevant Hortense.*

Seule ?...

HORTENSE, *baissant les yeux et jouant la surprise.*

Ah !... *(elle se lève)*.

DUVAL, *intimidé par le mouvement d'Hortense.*

Pardon ; si je vous gêne
Je vais me retirer à l'instant.

HORTENSE (1).

Non, pourquoi ?
Nous causions justement de vous, Camille et moi.

(1) Duval, Hortense.

DUVAL, *après un silence.*

Vous ne m'aviez jamais parlé de cette amie
A laquelle à bon droit votre cœur se confie,
Et c'est en apprenant que l'on vous attendait
Que j'ai su seulement qu'elle vous connaissait.
Bien que m'étant promis de garder le silence,
Quand j'ai vu qu'elle était dans votre confidence
J'ai dit ce qu'autrement j'aurais tu jusqu'au bout...
Elle vous a déjà parlé de moi ?...

HORTENSE.

Beaucoup.

DUVAL, *après un nouveau silence.*

Puisqu'elle a près de vous déjà plaidé ma cause,
Je ne vous dirais rien de nouveau, je suppose ;
Enfin, mes sentiments vous étant bien connus,
Je vous épargnerai des discours superflus.
Mais a-t-elle bien dit au moins comme sans cesse
Elle me reprochait ma profonde tristesse,
Et que, par le chagrin répandu sur mes traits,
Elle avait pressenti combien je vous aimais ?

HORTENSE.

Cette explication n'était pas nécessaire,
Monsieur, vous n'avez pas de reproche à vous faire,
Car si vous m'aimiez, moi je ne vous aimais pas.

DUVAL.

Hélas !

HORTENSE.

Vous pouviez donc porter ailleurs vos pas.
Vous pouviez sans remords m'oublier pour une autre,
Et je ne comprends pas quel chagrin est le vôtre.
Camille (que ceci, monsieur, reste entre nous),
M'a confié l'amour qu'elle ressent pour vous.

DUVAL, *stupéfait.*

Comment !

HORTENSE.

Oui. Cependant, un doute l'importune
Camille est très-modeste, et comme sa fortune
Passe pour très-brillante, elle craint... Elle a tort ;
Son mérite eut suffi pour vous charmer d'abord.
Aimez-la donc, Monsieur, et tenez-lui parole,
Si vous l'aviez trompée, elle en deviendrait folle ;
Rendez Camille heureuse, et soyez assuré
Que de votre union je me réjouirai.

(Elle remonte).

DUVAL.

Quoi ! votre amie...

HORTENSE.

Il faut excuser sa faiblesse ;
Je vais, de votre part, rassurer sa tendresse.

(Elle salue Duval et sort).

SCÈNE X.

DUVAL, *après un silence causé par l'étonnement.*

Si je l'avais trompée, elle en... — dirait-on pas
Que c'est moi qui près d'elle ai fait le premier pas?...
Si c'est ainsi qu'elle a plaidé ma cause... Certe
J'étais loin de m'attendre à cette découverte.
Elle m'aime ! Et qui vient gaiment m'en informer ?...
Celle que j'ai toujours la lâcheté d'aimer.

(Un silence).

Si j'avais pu garder encor quelqu'espérance !
Suis-je assez convaincu de son indifférence ?...
En lui montrant mon cœur pris d'un autre côté,
J'aurais craint de blesser au moins sa vanité.

Pauvre fou ! Tu le vois, c'est elle qui te presse
De porter autre part tes vœux et ta tendresse.

(il s'arrête et médite).

Au fait, pour l'oublier c'est le meilleur moyen...
Pourquoi pas? son amie, après tout, la vaut bien...
— Quoiqu'elle rappelât à mes yeux la cruelle,
J'ai surpris plusieurs fois mon cœur penchant pour elle.
Si...

(Au moment où Duval est plongé dans sa méditation, Dancour entre vivement par la porte du fond).

SCÈNE XI.

DUVAL, DANCOUR.

DANCOUR.

C'est bien lui !...

DUVAL, *se retournant.*

Dancour ! enfin te voilà donc ?...

(Ils se serrent la main avec effusion).

DANCOUR (1).

Ah ! c'est toi le nouveau docteur de la maison ?
Mon cher, tu n'as pas lieu de regretter ta ville,
Car à Paris déjà tu passes pour habile...

DUVAL.

Tu railles ?...

DANCOUR.

Je n'ai pas ce travers, Dieu merci !...

DUVAL.

Par quel heureux hasard te rencontrai-je ici ?...
Tu connais donc monsieur Brémont?

(1) Duval, Dancour.

DANCOUR.

Beaucoup. Naguère
C'était l'ami le plus intime de mon père.

DUVAL.

Tu venais me chercher peut-être ; on nous attend.

DANCOUR.

Non. Nous pouvons rester à causer un instant.
Ces messieurs sont sortis. — Quant à ces demoiselles,
Elles sont au milieu de chiffons, de dentelles...
Bref, on nous préviendra.

DUVAL, *allant s'asseoir sur la causeuse. Dancour s'assied auprès de lui.*

Bien. Asseyons-nous donc.
Et tu n'as pas trouvé là-bas le temps trop long?

DANCOUR.

Où donc?... (*Se souvenant.*)
Ah !... — J'ai failli mourir d'ennui.

DUVAL, *surpris.*

Ta mère,
Un jour que j'en parlais, m'a dit tout le contraire.

DANCOUR.

C'est que je lui cachais la vérité.

DUVAL.

Vraiment?
Mais tu ne voyageais que pour ton agrément.
Tu n'allais pas là-bas pour plaider, je suppose ?

DANCOUR, *surpris.*

Pour plaider?

DUVAL.

N'es-tu pas avocat?

DANCOUR, *avec le geste de quelqu'un qui se souvient.*

Oui... sans cause.
Donc, tu veux te fixer à Paris?... Tu fais bien.
Dame! on n'arrive pas vite, je t'en prévien.
(*Mouvement de Duval.*)
Mais j'ai quelques amis dont le haut patronage
Pourra t'aider beaucoup.
(*Lui frappant légèrement sur l'épaule.*)
Bah! un peu de courage
Et tu réussiras, je l'ai toujours pensé...

DUVAL.

Je n'ose l'espérer. — Cependant, tu le sai,
Riche autrefois, je suis maintenant sans fortune,
Et dois par mon travail chercher à m'en faire une.
Car, je t'ai dit comment nous fûmes dépouillés
Par un fripon à qui nous nous étions fiés.

DANCOUR.

Oui, pauvre ami! Le coup fut mortel pour ton père.

DUVAL.

Comme lui j'en conçus une douleur amère,
Car un bien cher espoir ne m'était plus permis.
Mais ce travail constant auquel je me soumis
Fut bientôt comme un baume épanché sur ma plaie.

DANCOUR.

Eh bien! de ton remède il faudra que j'essaie.
(*Mouvement de Duval.*)
Tu vois un homme en proie au plus profond chagrin.

DUVAL.

Toi, — dont j'ai si souvent envié le destin!
Riche, estimé de tous, pouvant vivre à ta guise,
N'ayant qu'à faire un vœu pour qu'il se réalise,
Car tout le monde t'aime et te cherche.

DANCOUR.

Excepté
Le seul être que j'aime... un trésor de beauté
Que j'idolâtre... plus que je ne saurais dire,
Dont je rêve à toute heure et qui fait mon martyre.

DUVAL.

Peut-on savoir le nom de cet ange adoré?

DANCOUR.

La fille de monsieur Brémont.

DUVAL.

Ah !

DANCOUR.

A ton gré
Peut-on voir rien d'aimable et de charmant comme elle?
Et soupçonnerait-on, en la voyant si belle ?...
(Il se lève, Duval aussi.) (1)
Hélas ! je ne sais pas quel est l'heureux vainqueur
Qui doit enfin trouver le chemin de son cœur;
Mais cette idée au moins vient adoucir ma peine,
Que nul n'a trouvé grâce aux yeux de l'inhumaine.
(Mouvement de Duval.)
Près de mon Hermione, en ce seul point je suis
Moins malheureux qu'Oreste. — A travers mes ennuis,
Dont m'aidera Pylade à supporter la chaîne,
(Il tend la main à Duval, qui la lui serre.)
Je n'ai pas comme Oreste un Pyrrhus qui me gêne.
Je n'ai point de rival, et mes efforts constants
Peut-être fléchiront l'ingrate avec le temps.

DUVAL, *avec embarras.*

Il est certain qu'à moins d'un aveuglement rare...
Mais le cœur de la femme est parfois si bizarre...
Espère cependant...

(1) Dancour, Duval.

DANCOUR.

Je ne t'en ai rien dit
Dans mes lettres... c'est vrai... par orgueil, par dépit...
J'aurais voulu t'apprendre une heureuse nouvelle ;
Mais comme on se montrait toujours aussi rebelle...
Tu comprends... j'attendais...

DUVAL, *à lui-même.*

C'est comme moi.

DANCOUR.

Mais toi,
Ne veux-tu pas aussi te marier ?

DUVAL.

Oh ! moi...

DANCOUR.

Justement tu vas voir un parti qui peut-être...
Mais que dis-je ? tu dois mieux que moi le connaître ;
La personne à présent habite ton pays...

DUVAL.

Je la connais.

DANCOUR.

Elle est fort bien, à mon avis.
Tu devrais y songer ; mademoiselle Hortense
Est un parti qui vaut la peine qu'on y pense.

DUVAL.

Il est trop beau pour moi.

DANCOUR.

Trop beau ? pourquoi cela ?
Ton avenir vaut bien la fortune qu'elle a.

DUVAL.

Non. D'ailleurs peu m'importe, et réflexion faite
Je veux rester garçon.

(Il prend machinalement le journal que Brémont a laissé sur le fauteuil et se met à le parcourir.)

DANCOUR.

Tant pis, je le regrette.

(Il prête l'oreille et remonte. Duval, resté sur le devant de la scène à gauche, les yeux fixés sur le journal, ne voit pas Camille qui entre.)

SCÈNE XII.

DUVAL, DANCOUR, CAMILLE.

CAMILLE, *à Dancour* (1).

Vous vous résignez donc, monsieur, à me revoir ?
J'en avais ce matin presque perdu l'espoir.
(Souriant.)
Vraiment, vous aviez l'air effrayant.

DANCOUR, *à part.*

Du courage.
(Haut.)
J'étais fou ce matin… maintenant je suis sage.

CAMILLE.

Est-ce un reproche ?

DANCOUR.

Non. Que tout soit oublié.
Gardez-moi seulement votre bonne amitié.

CAMILLE, *avec joie, en lui tendant la main.*

De grand cœur. Mais venez, car ces messieurs, je pense…

(1) Duval, Camille, Dancour.

DANCOUR, *appelant Duval qui n'a rien entendu de la conversation qui précède.*

Duval !...

CAMILLE, *vivement.*

Vous connaissez monsieur ?

DANCOUR.

Depuis l'enfance.

(Camille fronce le sourcil en signe de désappointement.)

L'un vers l'autre au collége on nous voyait toujours
Ayant les mêmes jeux, suivant les mêmes cours;
Mais moi, j'avais un rang fort obscur dans la classe,
Et lui ne bougeait pas de la première place.
Croiriez-vous que j'étais jaloux de ses succès
Par moments, à ce point que je le maudissais?...
J'avais tort. Ne pouvant lui disputer la place,
Je devais la céder au moins de bonne grâce.

CAMILLE, *bas à Duval.*

Est-ce une allusion ? Saurait-il déjà ?...

DUVAL, *de même.*

Quoi ?

(Dancour, qui s'était éloigné un instant, se rapproche.)

CAMILLE.

Chut !... plus tard !... *(Haut.)*
Venez-vous, messieurs ?

DANCOUR, *lui offrant le bras.*

Permettez-moi.

CAMILLE, *à part, en regardant Duval.*

Le maladroit !...

DUVAL, *seul, méditant.*

Qu'a-t-elle à me dire ? Croirai-je
En effet qu'elle m'aime ?... Et que lui répondrai-je ?

Que mon cœur est trop plein de son premier amour ?
Non... Invoquons plutôt ma ferveur pour Dancour,
Et l'éternel remords qui troublerait ma joie
D'avoir pu lui ravir une si chère proie.
Cette excuse du moins ne pourra la fâcher.

(Entre François une serviette au bras.)

FRANÇOIS.

Monsieur, on est à table... et je viens vous chercher.

(Duval, absorbé dans ses réflexions, ne voit ni n'entend François qui l'interpelle de nouveau en élevant la voix.)

Monsieur !

DUVAL, *tiré de sa rêverie, va pour sortir par la porte de gauche, puis s'apercevant de son erreur, remonte et sort par la porte du fond.*

Ah !

FRANÇOIS, *les yeux fixés sur la porte par où Duval vient de sortir.*

Encore un, si je ne suis pas bête,
A qui notre maîtresse a fait tourner la tête.

FIN DU PREMIER ACTE.

ACTE II.

SCÈNE Ire.

DANCOUR *seul, entrant par la porte du fond.*

« Il faut que je vous parle. Attendez-moi là-haut. »
Paul, qui n'est pourtant guère expansif, il s'en faut,
N'aurait-il pas voulu, d'un zèle charitable,
Intercéder pour moi ? Comme on sortait de table
Pour se rendre au jardin, Camille a pris son bras,
Et pendant quelque temps ils ont causé tout bas ;
Camille paraissait péniblement émue,
Et c'est tout aussitôt après qu'elle est venue
Me dire qu'elle avait à me parler ici.
Qu'avait donc dit Duval pour l'émouvoir ainsi ?
Pendant tout le dîner elle était rayonnante,
Et nous admirions tous sa verve sémillante,
A tel point que monsieur Darville s'est enfui
Au dessert, en disant qu'on se moquait de lui.
— Son avocat l'engage à se tenir tranquille,
Ce qui l'indigne fort, ce cher monsieur Darville.

(Camille entre. Dancour se lève et va à elle.)

SCÈNE II.

DANCOUR, CAMILLE.

CAMILLE.

Je vous ai fait attendre...

DANCOUR (1).

Oh ! le mal n'est pas grand.
Je sais fort bien attendre et suis très-patient,
Vous le savez.

CAMILLE.

Eh bien ! moi, c'est tout le contraire,
Apprenez-le, monsieur...

DANCOUR.

D'où vient cette colère ?

CAMILLE.

Pensant vous en avoir, ce matin, assez dit,
Pour qu'il ne restât plus de doute en votre esprit,
J'espérais, confiante en votre savoir vivre,
Monsieur, que vous alliez cesser de me poursuivre ;
Que, las de mes refus, par raison ou fierté,
Vous m'alliez rendre enfin toute ma liberté.
Mais non... et votre ardeur autrefois si discrète
Croit devoir maintenant s'aider d'un interprète.

DANCOUR, *vivement.*

Vous vous trompez : j'ignore à quel propos Duval...

CAMILLE, *avec un sourire amer.*

Il se montre pour vous d'un zèle sans égal !
Ah ! vous croyez, monsieur, qu'à force de constance,
Vous saurez bien un jour vaincre ma résistance.

(1) Dancour, Camille.

DANCOUR.

Quoi! ce fou de Duval...

CAMILLE.

Je vous fais compliment,
Vous avez un ami d'un rare dévouement...
Il faut que cette lutte ait cependant un terme,
Et puisque l'on me force à prendre un ton plus ferme,
Je vous dirai, monsieur, qu'il faut d'un vain espoir
A jamais vous défaire, ou cesser de me voir.

DANCOUR, *vivement et comme inspiré.*

Eh bien donc! apprenez, quoi qu'on ait pu vous dire,
Que je suis tout-à-fait guéri de mon délire.
La raison m'est venue enfin et pour jamais!

CAMILLE (1).

Vraiment?...

DANCOUR, *se contenant à peine.*

Oui, ce matin encor je vous aimais,
Et malgré votre accueil, — peut-être à cause même
De cet accueil dont j'eus une douleur extrême, —
Plus tard, avec Duval quand vous m'avez revu,
C'est vous qui m'attiriez... Mais, — qui l'aurait prévu? —
Soit découragement, soit qu'en moi la colère
Eut fait ce que jamais la raison n'a pu faire;
Soit enfin que le trait dont vous m'aviez percé
Fut entré moins avant que je n'avais pensé,
Mon amour s'est enfui comme la feuille morte
Qui tombe enfin de l'arbre et que le vent emporte.

CAMILLE, *avec défiance.*

Vous m'aviez déjà dit...

DANCOUR.

Ce prodige, après tout,
Vous étonnerait moins, si j'allais jusqu'au bout.

(1) Camille, Dancour.

CAMILLE.

Parlez !

DANCOUR.

Auprès de vous j'observais votre amie ;
J'admirais son maintien si plein de modestie.
Ses discours pleins de sens, la douceur de sa voix,
Tout chez elle séduit et captive à la fois.
Je songeais en moi-même au bonheur sans mélange
Qu'un homme aurait à vivre à côté de cet ange.
Auprès d'elle la vie, à l'abri des autans,
Doit avoir le parfum d'un éternel printemps.

CAMILLE.

Ainsi je suis l'hiver — ou la fin de l'automne,
Hortense le printemps? — Le seul point qui m'étonne,
C'est que vous n'ayez pas remarqué tout d'abord
Ces rares qualités qui vous charment si fort ;
Ce n'est pas d'aujourd'hui que vous voyez Hortense.
Et de vos sentiments a-t-elle connaissance?

DANCOUR.

Non. J'ai compté sur vous pour ce soin délicat;
Voulez-vous auprès d'elle être mon avocat ?...

CAMILLE.

Quoi ! sérieusement... ce n'est point par boutade...

DANCOUR.

A quel propos...

CAMILLE, *avec un dépit concentré.*

Allons, vous étiez moins malade
Que vous n'en aviez l'air... Ainsi vous désirez
Que je parle pour vous ?...

DANCOUR.

Oui, vous m'obligerez ;
A moins donc cependant que...

CAMILLE, *voyant Hortense qui entre par la porte du fond.*

Justement, c'est elle !

DANCOUR, *bas, vivement.*

Qu'allez-vous faire ?

SCÈNE III.

DANCOUR, CAMILLE, HORTENSE.

CAMILLE.

Viens apprendre une nouvelle
Qui t'intéresse.

HORTENSE (1).

Moi ?

DANCOUR, *bas à Camille.*

Non, ne lui dites rien.

CAMILLE.

Vous préférez parler vous-même ?... soit... Hé bien :
Vous demeurez muet ?... vous n'étiez pas de même
Tout à l'heure ? (*à Hortense*).
Apprends donc que Monsieur Dancour t'aime.
(*Mouvement de surprise d'Hortense, geste d'impatience de Dancour*).
La fortune qu'il a défend de supposer
Que c'est par intérêt qu'il voudrait t'épouser.
Tu le connais du reste — un charmant caractère —
Pour moi, je n'ai cessé de l'aimer comme un frère.
(*Avec hésitation*).

(1) Hortense, Camille, Dancour.

De même qu'il m'aima toujours... comme une sœur...
— C'est ta délicatesse et d'esprit et de cœur,
Et l'ardeur dont pour toi son âme s'est éprise
Ne m'a, je dois le dire, aucunement surprise.

DANCOUR, *qui pendant cette tirade a remonté pour cacher son dépit et son impatience, à part.*

A merveille !... Eh bien, soit. Poursuivons ce moyen ;
(Regardant Hortense, qui a légèrement froncé le sourcil).
Car je vois, à son air, que je ne risque rien (1)
(Haut).
Camille, en vous parlant ainsi, Mademoiselle,
Est de mes sentiments l'interprète fidèle...

HORTENSE, *avec dignité.*

Monsieur !...

DANCOUR.

Et (si ce n'est l'éloge exagéré
Que l'on vous fait de moi) ce qu'on vous dit est vrai.
(En ce moment, Camille remonte).
Ce n'est pas d'aujourd'hui que je vous ai comprise
Et que de vos attraits mon âme s'est éprise.
Votre seule beauté m'aurait rendu jaloux ;
Mais ce que j'ai surtout apprécié chez vous,
C'est cette modestie et cette retenue
Qui rehaussent encor votre grâce ingénue ;
C'est cette aménité si rare qui toujours
Brille dans vos regards comme dans vos discours.

CAMILLE, *à elle-même, avec un sourire triste.*

Si je l'avais aimé pourtant !... *(Souriant avec joie).*
Allons bien vite
Rassurer son ami.
(Elle sort par la porte du fond restée ouverte).

(1) Camille, Dancour, Hortense.

SCÈNE IV.

DANCOUR, HORTENSE.

HORTENSE.

Si je reste interdite
Pardonnez-moi, Monsieur, mais je m'attendais peu,
Quoique vous en disiez, à cet étrange aveu.
Vous me jugez trop bien et je suis convaincue
Que votre illusion serait bientôt déçue...

DANCOUR.

Non. Plus j'y réfléchis et plus je suis certain...
(S'apercevant de l'absence de Camille).
Où donc est votre amie ?

HORTENSE, *qui a suivi le mouvement de Dancour et deviné son intention.*

Ah ! je comprends enfin :
Vous aviez trop compté sur mon intelligence,
Monsieur ; vous auriez dû m'avertir à l'avance,
J'aurais étudié mon rôle, et, par le fait,
Je crois que votre ruse a manqué son effet ;
Mais je verrai Camille et pour vous auprès d'elle
Je vous promets, Monsieur, d'employer tout mon zèle.
C'est tout ce que pour vous je puis faire et je croi
Que vous n'attendiez pas autre chose de moi ?

DANCOUR, *accablé et se cachant la tête dans les mains.*

Ah ! ne m'accablez pas !... j'ai la tête perdue...
Oui... j'adore une ingrate et sa rigueur me tue...
Ayez pitié de moi !

SCÈNE V.

LES MÊMES, CAMILLE, DUVAL, *venant ensemble par la porte du fond.*

CAMILLE, *bas à Duval.*

Voilà cet amoureux
Que vous aviez tant peur de désoler

DUVAL, *affectant la joie.*

Tant mieux !...
J'en ai l'âme ravie et ce retour de Jules
Vient fort heureusement lever tous mes scrupules.

HORTENSE, *bas à Dancour.*

Mais la voici qui cause avec Monsieur Duval,
Votre ami... (*Après ces derniers mots, qu'elle a prononcés avec une ironie marquée, Hortense quitte Dancour, vient s'asseoir sur le devant de la scène, tire une broderie de sa poche et travaille*).

DANCOUR, *frappé de l'intonation d'Hortense, à lui-même.*

Quel soupçon !... Paul serait mon rival ?...
Allons donc !... quand il a pour moi prié Camille
Jusqu'à l'indisposer...

Il fait le geste d'un homme qui se perd dans ses conjectures, et, se tournant vers Duval que Camille vient de quitter, il va à lui. La contenance des deux amis, en se parlant, annonce l'inquiétude et la défiance. Camille vient s'asseoir près d'Hortense).

HORTENSE.

Hé bien : es-tu tranquille,
Es-tu sûre qu'il t'aime ?

CAMILLE (1).

Oui. Ce n'est que la peur
De blesser un ami qui retenait son cœur :

HORTENSE.

Qui donc?... Monsieur Dancour?

CAMILLE.

Dans un temps, je l'avoue.
Monsieur Dancour aurait peut-être fait la moue ;
Mais il ne songe plus le moins du monde à moi,
Il te l'a bien prouvé tout-à-l'heure.

HORTENSE.

Tu croi ?

(Elles continuent de causer à voix basse).

DUVAL, *bas à Dancour.*

Ainsi, tu n'aimes pas Mademoiselle Hortense ?

DANCOUR.

Non. Tu t'es trop hâté de croire l'apparence ;
Je t'avais cependant assez ouvert mon cœur...

DUVAL.

J'ai cru qu'en te voyant aimé d'elle...

DANCOUR.

Autre erreur...

DUVAL, *à part, secouant la tête en signe de doute.*

Erreur...

(Il va prendre machinalement un journal sur la console et le déploie à moitié, comme s'il voulait le lire ; puis il le replie et le remet à sa place. Cependant Camille, qui s'est levée, s'approche de Dancour.)

(1) A gauche, Hortense, Camille ; à droite au fond, Dancour, Duval.

DANCOUR.

Qui donc vous rend si gaie ?

CAMILLE.

Et vous si triste?

(Pendant ce dialogue, il se passe entre Duval et Hortense le jeu de scène suivant ; Duval s'approche du fauteuil que vient de quitter Camille et paraît disposé à s'y asseoir. Voyant cela, Hortense retire légèrement le sien. Duval, qui s'est aperçu du mouvement, prend son fauteuil, qu'il porte devant la cheminée, s'y assied et avance les pieds et les mains comme pour se chauffer ; puis, s'apercevant aussitôt de son étourderie, il se lève, remet le fauteuil à sa place et va reprendre le journal sur la console.)

Vous craignez qu'à vos vœux Hortense ne résiste?
Soyez tranquille, allez, son cœur est libre encor,
Et j'espère avant peu vous avoir mis d'accord.

DANCOUR.

Vous dites que son cœur est libre... mais le vôtre ?...
(Moment de silence.)
Ainsi vous trouvez bon que j'en adore une autre ?

CAMILLE.

Je ne vous dirai pas qu'un si prompt changement
Ne m'a causé d'abord aucun étonnement ;
Mais, bien que mon orgueil en souffre, je dois dire
Que je comprends l'ardeur qu'Hortense vous inspire.
Moi, j'ai mille défauts, et sans peine je croi
Qu'en effet mon amie est meilleure que moi.

DANCOUR, *se contenant à peine.*

J'aurais droit de me plaindre, il faut le reconnaître.
(Regardant Duval.)
Mais un autre sera moins malheureux peut-être.

(Camille baisse les yeux sans répondre. Bruit de voix au dehors. Hortense se lève.)

SCÈNE VI.

DANCOUR, DUVAL, HORTENSE, CAMILLE, BRÉMONT, DARVILLE.

DARVILLE.

Oui, ce carambolage est un affreux raccroc.

BRÉMONT (1).

C'est bon; mais calme-toi. Ce serait un escroc
Qui, par un vol infâme, eut causé ta ruine,
Que tu ne ferais pas plus de bruit, j'imagine.
(Se tournant vers les autres.)
Ah ça ! que faisons-nous?... Je vais dire à François
D'atteler, voulez-vous? et nous irons au bois.

DARVILLE.

Toi, tu vas rester là; je ne te tiens pas quitte;
Tu viens de me gagner au billard... je veux vite
Ma revanche au piquet.

BRÉMONT, *contrarié.*

Allons, bon ! Mais, mon cher,
Tu dois toi-même avoir besoin de prendre l'air.

DARVILLE.

Plus tard... pour le moment la chaleur est trop forte.
(Avec humeur.)
D'ailleurs, si vous voulez, sortez tous; peu m'importe,
Moi je reste.

BRÉMONT, *à Camille, qui causait avec Hortense près de la cheminée, en lui montrant la table de jeu au fond.*

J'ai là des cartes de piquet,
Pêle-mêle. — Vois donc à faire un jeu complet.
(Camille met sa broderie dans sa poche et se dirige vers la table de jeu. Brémont reste à causer avec Hortense.)

(1) Hortense, Camille, Darville, Brémont, Dancour, Duval.

DUVAL, *à Camille.*

Voulez-vous que je vous aide, mademoiselle ?

CAMILLE.

Volontiers.

DANCOUR, *les observant, à part.*

C'est pour moi qu'il montre tant de zèle ?

(Camille et Duval tirent de la table un paquet de cartes qu'ils se mettent à débrouiller. Cependant Brémont, tout en causant avec Hortense, est allé s'asseoir avec elle sur le canapé du fond, à gauche.)

DARVILLE, *à lui même.*

Ah ! je n'ai pas de preuve, et mon gueux d'avocat
Refuse de plaider, par scrupule... Le fat !
Jadis il acceptait n'importe quelle affaire.
Vous l'auriez fait plaider, je crois, contre son père,
Et maintenant monsieur choisit... c'est qu'il a trop.
Mais se sont-ils donc tous, morbleu ! donné le mot ?
Quoi ! pas un...

(Son regard tombe en ce moment sur Dancour, qui était plongé dans ses réflexions ; il va à lui et lui frappe sur l'épaule.)

Vous dormez, l'ami ? Pour vous distraire,
Je vais vous raconter en deux mots mon affaire ;
Figurez-vous qu'un drôle, un coquin, un voleur,
M'a vendu des moutons...

(Ils remontent. Dancour jette de temps en temps les yeux sur Duval et Camille.)

CAMILLE, *à Duval, en souriant.*

Mon père vous fait peur ?

DUVAL.

Je sais combien il est indulgent, mais peut-être
Faudrait-il lui donner le temps de me connaître.

CAMILLE.

Il vous croit honnête homme, et pour lui c'est assez.
Moi, je demande plus. Aussi réfléchissez,
Consultez votre cœur...

DUVAL.

Plus je vous apprécie,
Plus je me sens pour vous prêt à donner ma vie.

CAMILLE, *vivement, en souriant.*

C'est beaucoup trop, monsieur, ne mourez pas.

DUVAL, *à part.*

Hélas!

DARVILLE, *à Dancour.*

Et vous souffririez, vous, un tour pareil?

DANCOUR, *les yeux fixés sur Duval.*

Non pas!

DARVILLE.

Cet homme est un coquin.

DANCOUR.

C'est un fourbe!

DARVILLE.

Oh! qu'il tremble!

DANCOUR.

Je le tuerai!

DARVILLE.

Comment!... Vous allez, ce me semble,
Un peu loin... ou plutôt vous ne m'écoutez pas.
(Quittant brusquement le bras de Dancour et s'éloignant de lui.)
Morbleu! la peste soit de tous les avocats!

CAMILLE, *bas à Duval.*

Vous écrirez ?

DUVAL.

Oui.

CAMILLE, *souriant.*

Bien. Nous verrons votre style.

DARVILLE, *se tournant vers Camille et Duval.*

Ça, voyons, est-ce prêt ?

DUVAL, *mettant sur la table le jeu de cartes qu'il a trié, après avoir remis les autres cartes dans le tiroir.*

Voilà, monsieur Darville ;
Où vous mettez-vous ?

DARVILLE, *lui indiquant le devant de la scène.*

Là.

(Duval apporte la table sur le devant de la scène. Cependant Darville dit à l'oreille de Dancour.)

Je crois que le vaurien
Fait la cour à Camille et Brémont n'y voit rien.
(A part.)
Ma foi, tant pis... *(Haut.)* Eh bien ! Brémont ?

BRÉMONT, *se levant, à Hortense, qui se lève aussi.*

Mademoiselle,
Pardon ; mais, vous voyez, votre père m'appelle.
C'est un regret pour moi, je le dis franchement,
Car vous causez si bien...
(Hortense le salue. Camille vient à elle et elles vont reprendre leur place sur les deux fauteuils.)

DARVILLE, *se levant avec colère.*

Merci du compliment.
Dis donc, si je t'ennuie, il faut le dire.

BRÉMONT.

Ah! diable !

On ne pourra donc plus trouver ta fille aimable !

(Ils s'asseyent et tirent chacun une carte.)

A toi de donner...

DANCOUR, *s'approchant de Duval, à voix basse et avec colère.*

Donc, nous sommes deux ?...

DUVAL.

Tu crois ?

Bah ! les voulais-tu donc toutes deux à la fois ?

DANCOUR, *exaspéré.*

Duval, si tu n'es pas lâche autant qu'hypocrite...

DUVAL, *avec colère.*

Dancour !

DANCOUR.

Nous réglerons cette affaire de suite.

DUVAL, *résolument et avec inspiration.*

Soit.

DANCOUR.

Je suis las enfin d'être seul à souffrir ;
Et je veux me venger.

DUVAL, *à part.*

Et moi je veux mourir.

(Haut.)

Je t'attends chez moi.

DANCOUR.

Bien.

DUVAL, *à part, en regardant Camille.*

Puisqu'à ses vœux rebelle
Je ne vis que pour l'autre, au moins mourons pour elle.

(Il va prendre son chapeau et revient saluer M. Brémont.)

Monsieur Brémont.

BRÉMONT, *se retournant.*

Hé quoi! vous nous quittez sitôt.
(Il se lève.)

DUVAL.

Un malade m'attend.

BRÉMONT.

Allons! puisqu'il le faut...

DANCOUR, *à Duval.*

Tu t'en vas? Attends-moi, nous sortirons ensemble.

BRÉMONT.

Mais vous, rien ne vous force à partir, ce me semble,
Vous n'avez pas à voir de malade.

DANCOUR, *allant prendre son chapeau.*

On m'attend
Pour un procès.

BRÉMONT.

Vraiment? Un procès... important?

DANCOUR.

C'est une question de vie ou de mort...

BRÉMONT.

Peste!

DARVILLE, *à part.*

Bon! son client aura de la chance de reste
S'il en réchappe.

BRÉMONT, *bas, en l'accompagnant.*

Ah ça! vos affaires ici
Vont-elles mieux?

DANCOUR, *souriant amèrement.*

Mais oui.

BRÉMONT.

Mes compliments.

DANCOUR, *lui serrant la main avec une effusion ironique.*

Merci.

(Il sort avec Duval.)

SCÈNE VII.

LES MÊMES, *moins* DUVAL *et* DANCOUR

DARVILLE.

Y sommes-nous, enfin ?

CAMILLE, *bas à Hortense.*

Voyons, ma chère Hortense,
J'espère que tu vas rompre enfin le silence.
T'ayant ouvert mon cœur, j'ai peut-être le droit
D'exiger qu'à ton tour tu fasses comme moi.
Dis-moi donc si monsieur Dancour a su te plaire.

HORTENSE.

Tu dis qu'il n'a pour toi que l'amitié d'un frère ?

CAMILLE, *troublée.*

Mais...

HORTENSE.

Tu m'as dit cela sachant parfaitement
Que tu l'avais au cœur blessé grièvement.

CAMILLE.

Je te l'ai dit d'après lui-même et je t'assure
Que je le croyais bien guéri de sa blessure.
Mais tu l'as entendu.

HORTENSE.

Dans tout ce qu'il m'a dit
Il n'avait qu'un seul but : enflammer ton dépit.
La douleur l'égarait ; aussi je lui pardonne ;
Mais vraiment ta rigueur à son égard m'étonne.
Et son amour était digne d'un meilleur sort.

CAMILLE, *rêveuse.*

Je ne te dis pas non, et j'ai peut-être tort...
(Elles continuent de causer à voix basse.)

BRÉMONT, *continuant une conversation avec Darville, tout en jouant.*

Tu l'as connu ?

DARVILLE, *en jouant.*

Mais oui ; c'était un fou sans ordre,
Prêtant à tout le monde... Aussi s'est-il fait mordre.

BRÉMONT.

Le fils, par son talent, qui le conduira loin,
S'est heureusement mis à l'abri du besoin.

DARVILLE

Ah ça ! tu penses donc qu'il va faire merveille ?

BRÉMONT.

J'en serais peu surpris.

DARVILLE.

Et moi je lui conseille
De rentrer en province, où du moins on est sûr
De vivre en travaillant.

BRÉMONT.

Oui ; mais de vivre obscur.
Or, je crois qu'il aspire à la gloire.

DARVILLE.

Oh ! la gloire !...

BRÉMONT.

On ne peut l'obtenir que par une victoire.
Le monde ne rendra justice à vos travaux
Qu'en vous voyant briller entre mille rivaux,
Et ce n'est qu'à Paris...

DARVILLE.

Tudieu ! comme il s'enflamme.
Est-ce qu'il t'a chargé de faire sa réclame?

BRÉMONT.

Non. *(Se tournant vers Camille.)*
Dis-moi donc, Camille, Hortense a-t-elle vu
Ton nouveau piano ?

CAMILLE.

Non.

BRÉMONT.

A quoi songes-tu?

CAMILLE, *à Hortense, en lui montrant le cabinet à gauche.*

Il est là; viens, tu vas l'essayer.

DARVILLE.

Non, de grâce !

BRÉMONT.

Pourquoi ?

DARVILLE.

Tu sais combien le piano m'agace.
(Hortense et Camille entrent dans le cabinet.)

BRÉMONT.

Toujours? — On fermera la porte.

DARVILLE.

C'est égal,
J'entendrais toujours trop.

BRÉMONT, *à part.*

Ah ! quel... original !...

DARVILLE.

Quand je serai sorti, soit...

BRÉMONT, *avec ironie.*

Vrai ?... C'est trop aimable.

DARVILLE.

Pour moi le son du cor est le seul agréable,
Quand il sert pour la chasse aux loups dans la forêt.

BRÉMONT.

Le piano les chasse encor mieux, il paraît.

DARVILLE, *se récriant.*

Que veux-tu dire ?

BRÉMONT.

Rien.

(Darville reprend son jeu en murmurant. Camille et Hortense sortent du cabinet.)

HORTENSE.

Quoi ! tu n'es pas encore
Rassurée ?

CAMILLE.

Hélas ! non.

HORTENSE.

Que crains-tu ?

CAMILLE.

Je l'ignore.
Il a dit qu'il allait nous écrire ; j'attends.

Mais j'ai là je ne sais quels noirs pressentiments.
Si l'aveu qu'il m'a fait ce matin est sincère,
D'où vient donc qu'il hésite à parler à mon père ?

HORTENSE.

Hé ! ne voulais-tu pas qu'il demandât ta main
Devant nous, — au dessert ? Attends jusqu'à demain ;
Nous partons ce soir même.

CAMILLE, *rêveuse.*

Et puis je songe encore...
Monsieur Dancour... tu dis que...

HORTENSE.

Je dis qu'il t'adore.

DARVILLE, *frappant du poing sur la table.*

Comment ! lorsque j'avais quatre-vingt-dix en main !...
Ah ! il doit t'arriver un malheur, c'est certain.
Je ne t'ai vu jamais une veine pareille,
Et c'est quelqu'accident qui te pend à l'oreille.
(Camille, qui écoutait, tressaille.)

BRÉMONT, *souriant.*

Par bonheur, je ne suis pas superstitieux,
Sans quoi tu m'effraierais.

DARVILLE, *reprenant son jeu.*

Va : je suis curieux
De voir... ou plutôt, non. Tiens, ton piquet m'ennuie.
(Il jette les cartes sur la table et se lève.)

BRÉMONT, *se levant aussi, à part.*

Tant mieux. *(Voyant Darville tirer une pipe de sa poche.)*
Tu vas fumer ?

DARVILLE

Cela te contrarie ?
(D'un ton railleur.)
C'est vrai, je me souviens que l'odeur te fait mal.

BRÉMONT.

Eh ! fume si tu veux, cela m'est bien égal;
Mais pas dans ce salon. Viens avec moi.

DARVILLE, *haussant les épaules.*

J'espère
Que je suis complaisant.

BRÉMONT.

Certe.

DARVILLE, *fouillant ses poches.*

Hortense !

HORTENSE.

Mon père ?

DARVILLE.

As-tu vu mon tabac?

HORTENSE.

Non. Attendez... je crois...

DARVILLE.

Cherche donc.

BRÉMONT, *allant sonner au fond.*

Bah ! François ira.

DARVILLE.

Laisse. François
Doit être en ce moment chez un marchand de laine
Qui me doit de l'argent.

BRÉMONT.

Ah ! très-bien; mais Hélène ?

DARVILLE.

Elle est chez mon huissier.

BRÉMONT.

Et le père Gaspard ?
Préviens-moi si tu l'as envoyé quelque part.

DARVILLE.

Le concierge?

BRÉMONT.

Oui; j'irais m'installer à sa place
Pour ouvrir.

DARVILLE.

Eh bien! reste et laisse ta grimace.
(A part.)
Quel ours! *(Haut.)* Tiens, j'oubliais précisément qu'il faut
Que j'aille voir quelqu'un; mais nous irons tantôt.
(Se tournant vers Hortense, qui cause avec Camille.)
Eh bien! et ce tabac?

HORTENSE.

Ah! *(Elle sort en courant par la porte du fond. Brémont et Darville la suivent.)*

SCÈNE VIII.

CAMILLE.

Si j'en crois Hortense,
Monsieur Dancour aurait joué l'indifférence :
Il m'aimerait toujours. Que dira son ami
Quand il saura?... Mon Dieu! pourquoi tremblé-je ainsi?

SCÈNE IX.

CAMILLE, LE PÈRE GASPARD, *entrant par la porte de gauche.*

LE PÈRE GASPARD, *une lettre à la main.*

Pardon, mademoiselle; on vient de me remettre
Ceci pour vous.

CAMILLE, *prenant la lettre.*

Donnez. (*Le père Gaspard sort.*)

CAMILLE.

C'est sans doute la lettre...

(*Regardant l'écriture de l'adresse.*)

Non... c'est monsieur Dancour...

(*Elle brise le cachet, déploie la lettre et lit.*)

« Ce n'est pas un amoureux irrité et jaloux qui vous écrit,
» Camille ; c'est un ami qui croit devoir vous prévenir contre
» les piéges qu'on pourrait tendre à votre bonne foi. Dans un
» moment de fureur j'ai provoqué Duval, dont les assiduités
» auprès de vous avaient frappé jusqu'à M. Darville. Comme
» nous venions de prendre rendez-vous, son vieux domes-
» tique, qui, caché dans un coin, avait entendu notre con-
» versation, est venu à moi et m'a soutenu que j'étais dans
» l'erreur, et que si Paul m'avait laissé croire qu'il était mon
» rival, c'était pour saisir l'occasion qui s'offrait à lui d'en
» finir avec la vie. Le chagrin que vous avez pu remarquer
» en lui viendrait, à ce qu'il paraît, d'un amour malheureux.
» Pour qui ?... je n'ai pu le savoir, car le domestique est
» aussi discret que le maître ; seulement il m'a assuré que
» vous n'y étiez pour rien et qu'il était impossible que Paul
» vous eût dit qu'il vous aimait. Je ne sais quelles paroles
» ont été échangées entre Paul et vous ; il m'a donné presque
» à entendre que vous l'aviez provoqué (*Camille tressaille*) ;
» mais il a constamment refusé de s'expliquer sur ses senti-
» ments à votre égard. Son domestique m'aurait-il dit vrai ?
» Vous avez un moyen bien simple d'éclaircir ce mystère.
» Voyez Duval. Dites-lui (ce qui est vrai) que je regrette
» mon emportement et sens combien mon insistance auprès
» de vous était déplacée. Dites-lui enfin que je n'ai qu'un
» désir, c'est que vous soyez heureuse. Vous verrez ce qu'il
» vous répondra. Vous m'avez fait bien du mal, Camille,
» et... »

(*Hélène entre. Camille se retourne.*)

Que veux-tu ?

HÉLÈNE.

Ces messieurs
Demandent s'il vous plaît de sortir avec eux ;
Mademoiselle Hortense en ce moment s'apprête :
Si vous voulez aussi faire un peu de toilette...

CAMILLE, *allant à elle.*

Non.— Tu sais où monsieur Duval reste ? A l'instant
Va le trouver... dis-lui qu'il vienne, qu'on l'attend...

HÉLÈNE, *avec curiosité.*

Et... si monsieur Duval, par hasard, me demande
Ce qu'on lui veut ?

CAMILLE.

Dis-lui que c'est... pour qu'il se rende
Près d'un malade...

HÉLÈNE, *souriant imperceptiblement.*

Ah !

CAMILLE.

Oui. L'on n'a d'espoir qu'en lui.
Va. (*Camille se détourne pour cacher son émotion.*)

HÉLÈNE, *à part, en la regardant.*

Tiens, tiens ! — moi je crois qu'il sera tout conduit.
(*Camille se retourne. Hélène s'incline et sort. Camille tombe sur la causeuse et paraît en proie à une vive agitation.*)

FIN DU DEUXIÈME ACTE.

ACTE III.

SCÈNE Ire.

CAMILLE, *seule, parcourt la lettre de Dancour qu'elle tient à la main*, HORTENSE, *richement vêtue, entre par la porte du fond.*

CAMILLE, *remettant la lettre dans sa poche et allant à Hortense.*

Comme te voilà belle !

HORTENSE.

Et toi, tu n'es pas prête ?

CAMILLE.

Je ne sors pas... Sentant un léger mal de tête,
Auprès de ces messieurs je viens de m'excuser.
Va donc : à ton retour, nous aurons à causer.

HORTENSE.

S'il est ainsi, ma chère, et si je ne te gêne,
Je m'en vais dire aussi, moi, que j'ai la migraine ;
Je ne voulais sortir que pour être avec toi.

CAMILLE.

Chère amie !...

DARVILLE, *criant du dehors.*

Hé ! Hortense !

CAMILLE.

On t'appelle.

HORTENSE.

Attends-moi.

SCÈNE II.

CAMILLE, *seule.*

Hélène ne vient pas ! — Ah ! vraiment plus j'y songe
Moins je puis m'expliquer cet étrange mensonge !...
Pourquoi venir à moi, plein d'un mortel ennui ?
Pourquoi m'offrir un cœur qui n'était plus à lui ?...
J'y songe maintenant... Quand, ce matin, Hortense
Semblait me reprocher mon trop de confiance,
Elle avait ses raisons... La peur de m'affliger
Fait qu'elle n'a rien dit... Je vais l'interroger.
Peut-être elle connaît l'idole pour laquelle
Se meurt Monsieur Duval... *(frappée).*
Mon Dieu !... si c'était elle !...
S'il ne s'était tourné vers moi que dans l'espoir
De la rendre jalouse !... *(voyant Hortense qui entre).*
Ah ! je vais le savoir !

SCÈNE III.

CAMILLE, HORTENSE.

CAMILLE, *allant à Hortense et lui serrant la main avec affectation.*

Merci ! N'a-t-il pas trop grondé ?

HORTENSE, *ôtant son chapeau et son châle qu'elle va, tout en causant, poser sur le canapé.*

Qui donc ?... mon père ?
Du tout. — Il a quelqu'un qu'il veut voir pour affaire,
Cela l'aurait gêné de m'avoir avec lui ;
Puis je suis peu marcheuse...

CAMILLE (1).

Ils vont donc à pied ?

HORTENSE.

Oui.
Mon père a préféré, pour cette promenade...

CAMILLE.

Il ne songe donc pas que mon père est malade ?

HORTENSE.

Ton père n'a pas l'air plus malade que toi.

CAMILLE, *lui prenant la main.*

Ecoute : il ne faut pas trop te moquer de moi.
Je vais bien t'étonner et tu vas, je parie,
Me traiter, pour le moins, de folle et d'étourdie.
J'ai fait prier tantôt le docteur de venir,
C'est pour cela que j'ai refusé de sortir ;
Car, avant qu'à mon père il ne m'ait demandée,
J'ai voulu l'avertir que j'ai changé d'idée...

HORTENSE.

Comment !

CAMILLE.

J'ai réfléchi : j'ai consulté mon cœur
Et j'ai vu que j'étais dans une grave errreur ;
J'ai pour Monsieur Duval une estime profonde
Et ne lui voudrais point de mal pour tout au monde,
Mais c'est tout.

(1) Hortense, Camille.

HORTENSE.

Que dis-tu ? Ce retour si subit...
Que s'est-il donc passé ? Qu'est-ce donc qu'on t'a dit ?

CAMILLE.

Rien. Je le crois toujours digne de ma tendresse ;
Mais, avant tout, je tiens à rester ma maîtresse.

HORTENSE.

Le goût du célibat t'est vite revenu ;
Tu parlais autrement ce matin.

CAMILLE.

Que veux-tu...

HORTENSE, *à part.*

Est-ce un piége ? *(Elle remonte et passe à droite)*.

CAMILLE, *l'observant.*

Tu dis ?...

HORTENSE (1).

Je songe à la déroute
De ce pauvre docteur.

CAMILLE.

Tu le plains ?

HORTENSE.

Mais... sans doute...
Il trouvera bien dur de perdre son procès
Quand tout pouvait lui faire espérer le succès.

CAMILLE.

Rassure-toi ; — Monsieur Duval est de nature
A supporter très-bien une telle blessure.
Je l'ai toujours jugé plus aimable qu'aimant,
Et, sans aller bien loin, — j'y songe en ce moment, —
Parions qu'il t'a fait la cour...

(1) Camille, Hortense.

HORTENSE.

Qui te fait croire ?

CAMILLE.

Enfin, rappelle-toi.

HORTENSE.

Je n'en ai pas mémoire.

CAMILLE.

Dis que tu ne veux pas te souvenir. D'ailleurs
Je comprends qu'au milieu de tant d'adorateurs...
Car tu dois dans le monde être très-recherchée...

HORTENSE.

Qu'as-tu donc ? Qu'ai-je fait ou dit qui t'ait fâchée ?

CAMILLE.

Moi fâchée ? au contraire. — Ainsi, tu ne veux pas
M'avouer que Monsieur Duval...

HORTENSE.

Dans tous les cas
Il eut perdu son temps, et s'il ne rentre en grâce
Près de toi, ce n'est point moi qui prendrai ta place.

CAMILLE, *à part.*

Il est certain du moins qu'elle ne l'aime pas.
(Hélène entre, Camille va vivement à elle).

CAMILLE.

Hé bien, Monsieur Duval ?

HÉLÈNE.

Il me suit. *(Elle sort).*

CAMILLE, *à Hortense.*

Tu t'en vas ?

HORTENSE.

Je descends au jardin, tu viendras m'y rejoindre.

CAMILLE, *à part, examinant Hortense qui sort par la porte de gauche.*

Point d'altération dans ses traits, pas la moindre !...
(Duval entre par la porte du fond).

SCÈNE IV.

CAMILLE, DUVAL.

CAMILLE (1).

Je vous sais gré, Monsieur, de votre empressement,
On vous a dérangé dans un grave moment.
Sans doute vous faisiez vos adieux à la vie ?...
(Mouvement de Duval).
Parlez-moi franchement, Monsieur, je vous en prie !
J'ai désiré savoir de vous-même pourquoi
Vous vous battez avec monsieur Dancour ?

DUVAL.

Eh quoi !
Vous savez ?..

CAMILLE.

Oui ; parlez. D'où vient cette querelle ?

DUVAL.

C'est... qu'à tous ses efforts Jules vous voit rebelle,
Et qu'il se prend à moi d'un refus obstiné.

CAMILLE.

J'ai cru que vers Hortense il s'était retourné.

(1) Duval, Camille.

DUVAL.

Ce n'était de sa part, à ce que je suppose,
Qu'une ruse employée en désespoir de cause.
Sans doute il espérait, par ce retour subit,
Exciter dans votre âme un amoureux dépit.
Il a manqué son but, si bien qu'il ne lui reste,
Dit-il, qu'à se venger d'un rival qu'il déteste.

CAMILLE.

S'il vous déteste, vous, monsieur, vous n'avez point
De haine contre lui.

DUVAL.

Non. Le ciel m'est témoin...

CAMILLE.

Je vous crois, et je suis certaine qu'il vous coûte
D'aller vous mesurer contre un ami.

DUVAL.

Sans doute ;
Mais c'est lui qui m'attaque.

CAMILLE.

Et l'honneur commandait
D'accepter son défi; soit. Mais s'il s'amendait,
S'il entendait raison ?

DUVAL.

Hélas ! mademoiselle,
Je le désirerais; mais sa fureur est telle...

CAMILLE.

Eh bien ! votre désir est exaucé.

DUVAL.

Comment !...

CAMILLE.

Votre ami, désolé de son emportement,
M'écrit pour l'excuser près de vous. Il vous prie,
Comme moi, d'oublier un moment de folie.

DUVAL, *étourdiment, et d'un ton où perce le dépit.*

Dancour renonce à vous ? (*Mouvement de Camille. Un silence.*

CAMILLE, *se remettant.*

Je conviens qu'il a tort ;
Il vous faut maintenant chercher une autre mort !...
Il est donc vrai, monsieur, et votre unique envie
Est de vous délivrer d'une odieuse vie.
Oui, je sais maintenant d'où vient ce noir chagrin
Dont je vous demandais la cause ce matin.
Je sais, de vos aveux, ce qu'il faut que je pense ;
Enfin je sais, monsieur, que vous aimez Hortense.

DUVAL.

Ne vous l'ai-je pas dit ?

CAMILLE.

A moi, monsieur? quand donc ?

DUVAL.

Ce matin.

CAMILLE.

Vous manquez de mémoire.

DUVAL.

Pardon...
Je suis certain...

CAMILLE, *après un silence.*

Je veux croire à votre franchise;
Il se peut, après tout, que je me sois méprise.
Ainsi vous me parliez d'Hortense quand j'ai cru...
Que voulez-vous, monsieur, c'est un malentendu.
(*Elle remonte.*)

DUVAL, *étonné.*

Je croyais que déjà vous aviez su par elle...

CAMILLE, *au fond, près de la sonnette.*

Je ne sais rien, monsieur.
(*Elle sonne. Hélène paraît.*)
Dis à mademoiselle
Darville de monter.

DUVAL, *intrigué.*

Pourquoi ?...

CAMILLE.

Sans le vouloir,
Je vous ai nui peut-être. Il est de mon devoir
De réparer le mal que j'ai pu faire. Hortense
Vous a dû, par ma faute, accuser d'inconstance,
Et sans cela peut-être elle allait vous aimer...
Je veux, de mon erreur, devant vous l'informer.

DUVAL, *embarrassé.*

En vérité, croyez que...

SCÈNE V.

CAMILLE, DUVAL, HORTENSE.

HORTENSE.

Tu m'as demandée ?

CAMILLE, *avec une agitation fébrile.*

Oui. Je t'ai dit tantôt qu'ayant changé d'idée,
Je voulais m'excuser près de monsieur Duval.
Cela se trouve au mieux. J'avais compris bien mal
Sa déclaration. Par un hasard étrange,

Il se trouve à présent que j'avais pris le change.
C'est de toi qu'il parlait.
(Appuyant sur les mots et regardant fixement Hortense.)
Car il t'aime toujours,
A ce point qu'il voulait mettre fin à ses jours.
Mais pour lui j'ai promis d'intercéder. Prononce.
Pour vivre ou pour mourir on attend ta réponse.

HORTENSE, *après un silence.*

Si désolé que soit monsieur, j'espère fort
Qu'il se consolera sans un trop grand effort.
Il est à Paris plus d'une riche héritière,
Et c'est tout ce qu'il veut.

DUVAL, *exaspéré.*

Ah! je vous savais fière,
Mais non méchante...

HORTENSE.

Eh quoi! monsieur...

DUVAL, *avec feu.*

Je mourrai donc;
Mais jamais de mon cœur n'espérez de pardon,
Vous qui, pour m'accabler, en ce moment suprême,
Jetez encor sur moi l'injure et le blasphème!
(Hortense cache sa tête dans ses mains et pleure.)
Oui, pleurez!...

CAMILLE, *à part, avec douleur.*

Elle l'aime!...

DUVAL, *à Hortense* (1).

Hélas! pardonnez-moi,
Je n'ai pu contenir un trop cruel émoi.
Pour être descendu si bas dans votre estime,
Mademoiselle, au moins dites quel est mon crime.

(1) Camille, Duval, Hortense.

Parlez; je suis tout prêt à l'expiation.
Je puis tout supporter, hors votre aversion.
Rien n'effraiera mon cœur, ce cœur qui vous adore,
Pourvu que je vous voie et vous entende encore !

(Pendant cette tirade, Camille, éperdue et chancelante, a reculé de plusieurs pas, comme si chaque mot l'eut blessée au cœur. Quand Duval a fini de parler, elle se trouve vers la porte de gauche, restée entr'ouverte.)

CAMILLE.

Oh ! de l'air !...

(Elle sort après avoir jeté un dernier regard sur Duval).

SCÈNE VI.

DUVAL, HORTENSE.

HORTENSE (1).

N'accusez que mon étonnement
Si je vous ai, Monsieur, parlé si brusquement ;
Mais à cette méprise, enfin, je ne puis croire :
Vous-même vous m'aviez, si j'ai bonne mémoire,
Avoué votre amour pour Camille...

DUVAL.

Jamais !...
J'ai dit que c'était vous, vous seule que j'aimais.
Depuis qu'à mes regards vous êtes apparue,
J'ai souffert, j'ai brûlé d'une fièvre inconnue.
Un jour, je m'apprêtais à vous ouvrir mon cœur,
Quand mon père en pleurant m'apprit notre malheur :
Un fripon nous avait ruinés !... — Pauvre père !...
Je luttai, j'acceptai bravement ma misère ;

(1) Duval, Hortense.

Je repris mes travaux, semblable à l'exilé
Par l'espoir du retour en secret stimulé.
Lorsqu'enfin je me vis lancé dans la carrière,
De mes premiers succès combien j'eus l'âme fière !
Comme en pensant à vous je m'estimais heureux !...
C'est alors que j'osai vous adresser mes vœux (1).
Je crois vous voir encor, charmante et radieuse
Dans ce bal, au milieu d'une foule envieuse ;
N'osant vous aborder, je restais à l'écart,
Les yeux fixés sur vous... et lorsque par hasard
Vos yeux tombaient sur moi, leur pure et douce flamme
Etait comme un éclair qui sillonnait mon âme ;
Mais vous avez pu voir combien j'étais troublé
Dans cet instant si court où je vous ai parlé.
—Cependant, vous gardiez un silence sévère...

HORTENSE, *l'interrompant.*

Dans tout ceci, Monsieur, vous oubliez... mon père...
Je veux croire un instant que vous m'aimez...
(Elle s'arrête).

DUVAL.

Hé bien ?

HORTENSE.

Mais mon père, Monsieur, n'en sait encore rien !...

DUVAL.

Il ne peut ignorer combien vous m'êtes chère,
Car en lui demandant votre main...

HORTENSE.

A mon père...
Vous avez demandé ma main ?

DUVAL.

Certainement.
Ne le saviez-vous pas?

(1) L'orchestre joue en sourdine un motif de valse, qui s'arrêtera brusquement à l'apparition de Darville.

HORTENSE.

Moi... Monsieur ? nullement.

DUVAL.

Mais... en termes fort clairs sa lettre vous accuse :
« Monsieur, j'ai consulté ma fille, elle refuse. »

HORTENSE, *étonnée.*

Sa lettre ?

DUVAL.

C'est alors que, pour ne plus vous voir,
Je suis venu cacher ici mon désespoir.
Mais ignoriez-vous donc ?... — Je comprends : ma demande
A votre père était d'une audace si grande
Qu'il n'aura pas daigné même vous consulter
Sur ce pauvre parti qui s'osait présenter...
Et n'osant insulter en face à ma misère,
Il s'est joué de moi !...

HORTENSE, *avec dignité.*

Vous prêtez à mon père
D'étranges sentiments, Monsieur... quoiqu'il en soit,
S'il vous a refusé ma main, c'était son droit.
Nous devons obéir à cet ami qui veille
Pour nous, dans le danger...

DUVAL, *avec dépit.*

Bien, j'entends à merveille !...
Et moi qui commençais d'espérer... pauvre fou !...
Vous m'écoutiez parler par pitié... — voilà tout.

(Darville paraît au fond, sa canne à la main. Il s'arrête stupéfait, puis il s'avance de quelques pas en ramenant à lui les deux battants de la porte).

Mais c'est en vain qu'ici vous cherchez à vous faire
Un rempart contre moi de Monsieur votre père,
Car vous savez fort bien que tous ses droits sur vous
Ne sauraient vous ôter le choix de votre époux.

SCÈNE VII.

DUVAL, HORTENSE, DARVILLE.

DARVILLE, *s'avançant furieux.*

Voilà, sur ma parole, un hardi personnage !!

HORTENSE.

O Ciel ! *(Elle va tomber sur la causeuse).*

DUVAL, *irrité* (1).

Monsieur !

DARVILLE, *à Hortense.*

Et toi, que je croyais si sage,
Toi, tu prêtes l'oreille à des propos galants !!

HORTENSE.

Mon père !

DARVILLE.

Quand je veux t'emmener, tu prétends
Que Camille est malade et... *(Cherchant autour de lui.)*
Mais où donc est Camille ?

(Hortense promène ses regards dans le salon et semble étonnée de n'y pas voir Camille.)

Tu ne sais même pas !... Allons, fort bien, ma fille ;
J'ai fort heureusement, d'après ce que je voi,
Laissé Brémont finir nos visites sans moi.
(A part.)
Et puis j'étais si las !... *(A Duval.)* Que prétendiez-vous faire?
Pensiez-vous enlever une fille à son père ?

(1) Duval, Darville, Hortense.

DUVAL, *se contenant à peine.*

Je lui disais combien il m'aurait été doux
D'être accueilli par elle aussi bien que par vous ;
Et combien ma douleur avait été cruelle
De me voir repoussé précisément par elle.

DARVILLE, *à Hortense.*

Et qu'as-tu répondu ?

HORTENSE, *timidement.*

Que monsieur s'est mépris.
Car... vous ne m'avez pas demandé mon avis.

DARVILLE, *bas.*

Maladroite ! as-tu pu répondre de la sorte?
N'as-tu pas deviné ?... Sotte !... *(A Duval.)*
Eh bien ! oui ; qu'importe?
Que ce soit elle ou moi qui vous ait refusé,
Dites-moi donc, monsieur, vous êtes bien osé
De venir tourmenter ma fille en mon absence.

DUVAL.

Ainsi donc vous n'étiez pour moi qu'en apparence?
Vous vous êtes joué de ma crédulité...
— Et saurai-je, monsieur, en quoi j'ai mérité ?...

DARVILLE.

Je n'ai, mon cher monsieur, aucun compte à vous rendre,
Et d'ailleurs je n'ai pas le temps de vous entendre.
Comme vous nous gênez et qu'il faut en finir,
(Lui montrant la porte.)
Je ne vous retiens pas et vous pouvez sortir.
(Hortense se lève.)

DUVAL.

En vérité, monsieur...

HORTENSE, *suppliant.*

Mon père, pour moi-même,
Epargnez-le !...

DARVILLE.

Comment !...

HORTENSE, *baissant les yeux.*

Pardonnez-moi... je l'aime !...

DARVILLE, *bondissant.*

Tu l'aimes !...

DUVAL, *à part.*

O cher ange !...

DARVILLE.

Où sommes-nous, grand Dieu !
Tu m'oses devant lui faire un pareil aveu,
Au moment qu'il me brave et m'insulte. Es-tu folle ?
Et lui, tu crois qu'il t'aime ?

HORTENSE, *regardant Duval.*

Oui ; car j'ai sa parole.

DARVILLE.

Allons donc ! ce qu'il veut, ce sont mes biens.

DUVAL.

Vos biens ?
Ah ! je n'en veux qu'un seul ; gardez le reste.

DARVILLE, *à Hortense, qu'il prend par la main.*

Viens.

(*A Duval.*)
Si vous tentez encor de parler à ma fille,
Sur elle d'un couvent je fais fermer la grille.

HORTENSE, *les mains jointes.*

Mon père ! par pitié...

DARVILLE, *durement, en lui montrant la porte.*

Va-t-en !

DUVAL, *indigné, et venant se placer entre Darville et sa fille* (1).

Ah ! c'en est trop !
Vous, un père !... jamais !... vous n'êtes qu'un bourreau !...

DARVILLE, *hors de lui.*

Le traître m'injurie encor, Dieu me pardonne !
Mais savez-vous, monsieur, quel est le nom qu'on donne
A ceux qui, comme vous, pour ravir un trésor,
Entrent dans les maisons quand le maître est dehor ?
— Ah ! c'est trop d'insolence et trop d'effronterie !
Quoi ! c'est lui qui m'égorge, et parce que je crie...
Sortez !... Ne bravez pas plus longtemps ma fureur.
Je suis un bourreau, soit. Vous êtes un voleur !...

DUVAL, *exaspéré, s'avançant vers Darville les yeux étincelants.*

Monsieur !...

(Darville lève sa canne comme pour en frapper Duval. Cependant Hortense est remontée et vient se jeter entre son père et Duval (2).

HORTENSE, *entraînée.*

Vous l'accusez injustement, mon père !
Si monsieur est venu, ce n'est qu'à ma prière !

DUVAL, *vivement.*

Non. Ne la croyez pas.

DARVILLE, *à Hortense, furieux.*

Comment ! ce serait toi
Qui l'aurais attiré !...

(1) Darville, Duval, Hortense.
(2) Darville, Hortense, Duval.

DUVAL, *avec feu.*

Non.

DARVILLE.

Et qui donc ?

(Tout à coup la porte du fond s'ouvre et Camille paraît. Elle est très-pâle.)

SCÈNE VIII.

DUVAL, HORTENSE, DARVILLE, CAMILLE.

CAMILLE.

C'est moi !...

(Tous se retournent et la regardent avec des sentiments divers.)

DARVILLE (1).

Vous ?...

CAMILLE.

Moi, qui dans le cœur d'Hortense ayant su lire
Le secret qu'elle avait refusé de me dire,
Ai désiré savoir si monsieur partageait
Le tendre sentiment dont il était l'objet.
Sans moi, sans mon secours, ils en seraient encore
A nier tous les deux l'ardeur qui les dévore,
Car chacun d'eux, croyant son amour dédaigné,
Etait à son malheur tristement résigné.
— Et quand je viens d'ouvrir leurs yeux à la lumière,
Vous, monsieur, n'écoutant ni plainte ni prière,
Vous détruiriez mon œuvre et les feriez rentrer
Dans la profonde nuit d'où j'ai su les tirer,
Vous taririez la source où leur âme se noie,
Pour faire succéder les sanglots à la joie?

(1) Hortense, Darville, Camille, Duval.

Mais, avant d'être impie et barbare à ce point,
L'abîme où vous allez, ne le voyez-vous point ?
Ne comprenez-vous pas ce que doit souffrir l'âme
Que consume et dévore une secrète flamme,
Lorsqu'après un instant de joie, hélas ! si court,
Elle se voit ravir l'objet de son amour ?

(S'animant par degrés.)

Ah ! ne voyez-vous pas l'affreuse solitude
Qui se fait autour d'elle après un coup si rude ?
Et qu'elle en peut venir, à force de douleur,
Jusqu'à prendre le monde et la vie en horreur !

DARVILLE.

Quel langage et quel feu ! Pardieu, mademoiselle,
Quel roman vous a donc tant troublé la cervelle ?
Mais Hortense n'est plus un enfant, Dieu merci !
Elle ne mourra pas. N'ayez aucun souci.

CAMILLE.

Vous supposez qu'Hortense a votre caractère,
Mais, par malheur pour elle, elle tient de sa mère,
Sainte femme que Dieu mit sur votre chemin...
Et vous savez... sa mère est morte de chagrin...

(Mouvement de Darville. Hortense cache sa tête dans ses mains et pleure.)

Prenez garde ! monsieur ! cet ange qui vous reste
A détourné de vous la vengeance céleste ;
Mais si vous le tuez à son tour, oh ! alors,
Songez-vous quels seront vos chagrins, vos remords ?
Si Dieu n'a point frappé l'époux dans sa colère,
C'est qu'il la réservait contre le mauvais père !...

(En ce moment paraissent au fond Brémont et Dancour).

DARVILLE, *exaspéré.*

Moi, mauvais père ! moi !...

HORTENSE, *allant se jeter dans les bras de son père.*

Non... et jusqu'à ce jour
Vous ne m'avez donné que des preuves d'amour,
Mon père... Le bon cœur de Camille l'égare.

(Camille remonte et vient se placer à côté d'Hortense).

SCÈNE IX.

LES MÊMES, BRÉMONT ET DANCOUR AU FOND.

DARVILLE, *regardant Duval.*

Ah ! je suis un bourreau !...

HORTENSE.

Mon bon père !

DARVILLE, *regardant Camille.*

Un barbare !...

HORTENSE.

Grâce !...

DARVILLE, *à Hortense.*

Ah ! qui de nous deux hait l'autre, sinon toi ?
Toi qui veux à tout prix te séparer de moi ?...

DUVAL, *s'approchant.*

Mais, monsieur...

DARVILLE.

Taisez-vous, Monsieur !... votre insolence
N'a que trop confirmé ma juste défiance ;
Si je vous la donnais, je ne la verrais plus.

DUVAL.

De mon emportement je suis vraiment confus ;
Mais ne croyez pas moins, Monsieur, qu'en votre gendre
Vous trouveriez toujours un fils soumis et tendre.
N'importe où vous voudrez, nous vivrons tous les trois...

DARVILLE, *à part, sur le devant de la scène.*

Oui, je sais ce que c'est ; on reste un ou deux mois,
Et puis après, bonsoir...

BRÉMONT, *s'avance jusque vers Darville et lui frappe sur l'épaule ; Darville se retourne surpris et comme effrayé* (1).

Puisqu'on est si bon père,
Nous allons en donner la preuve, je l'espère ?

DARVILLE.

Tu sais ce qui m'arrive ?

BRÉMONT.

Oui. Monsieur s'offre à toi
Pour gendre ; ce n'est pas un grand malheur, je croi...

DARVILLE.

Morbleu ! s'il s'agissait aussi bien de ta fille...
(Il jette sa canne sur le canapé. Avec inspiration.)
Mais n'a-t-il pas aussi fait la cour à Camille ?
Puisqu'elle s'intéresse à lui si vivement.
Que ne l'épouse-t-elle ?...

BRÉMONT.

Es-tu fou ?

DARVILLE.

Non, vraiment,

(1) Camille, Hortense, Brémont, Darville, Duval. Dancour au fond.

Et ta fille encor moins, et je la tiens pour sage.
(A Camille.)
Aussi, tenez : le jour de votre mariage,
Je promets de souscrire à tout ce qu'on voudra ;
Mais que ma fille au moins attende jusque-là.

BRÉMONT.

Voyez-vous, le malin !...

CAMILLE.

Hortense ! remercie
Ton père... *(A Duval, en lui faisant signe d'approcher.)*
Et vous aussi, monsieur.

DARVILLE.

Que signifie ?...

CAMILLE, *allant à Dancour et lui tendant la main.*

Monsieur Dancour, voici ma main...

DANCOUR.

Eh quoi !...

DARVILLE.

Morbleu !

CAMILLE.

Lorsque vous le voudrez, notre hymen aura lieu.
(Brémont embrasse sa fille avec effusion.)

DARVILLE.

Je suis pris...
(Jetant un cri et portant vivement la main à l'une de ses jambes.)
Oh !...

BRÉMONT.

Quoi donc ?

DARVILLE, *à Brémont*

J'ai trop marché sans doute;
Je viens de sentir là comme un accès de goutte.

(Il tombe lourdement sur un des fauteuils de gauche. Duval et Hortense l'entourent. Brémont vient se placer derrière le fauteuil. Camille, debout au fond, promène ses regards de Duval à Hortense. Dancour suit tous ses mouvements.)

BRÉMONT.

C'est ta faute... tu veux marcher...

DARVILLE, *brusquement.*

Allons, c'est bien.

BRÉMONT.

Puisque monsieur devient ton gendre, ne crains rien...
C'est le docteur Miracle, et je ne sais personne...

DARVILLE, *se levant brusquement.*

Veux-tu te taire!... *(A lui-même.)* Au fait...

(Après un moment de réflexion, se tournant vers Duval.)

Monsieur, si je vous donne
Ma fille, il faudra vivre avec moi...

DUVAL, *avec élan.*

Trop heureux !...

DARVILLE, *à part.*

Le fourbe !... *(Haut.)* Me soigner?

DUVAL.

Comme un bon fils!

DARVILLE, *à part.*

Le gueux!

(Haut.)

Eh bien! donc, dès ce soir à Rouen je vous emmène.
Courez vous apprêter... dans un quart-d'heure à peine
Trouvez-vous à la gare.

DUVAL.

Ah !... croyez aux serments...

DARVILLE, *brusquement.*

Bon !... assez !...
(Duval va saluer M. Brémont, qui lui serre la main.)

BRÉMONT, *serrant la main à Duval.*

Recevez, docteur, nos compliments.
(Duval va saluer Camille.)

DARVILLE, *à part, sur le devant de la scène.*

Bien. Raillez-moi. Maudit procès !... maudit voyage !...

DANCOUR, *bas à Duval, qu'il arrête sur le seuil de la porte.*

M'expliqueras-tu ?

DUVAL.

Viens.

DANCOUR, *après un moment d'hésitation.*

Plus tard.

SCÈNE X.

LES MÊMES, *moins* DUVAL.

HORTENSE, *bas à Camille* (1).

Ce mariage,
S'il faisait ton malheur, me serait odieux.

CAMILLE, *bas à Hortense.*

Non. Je veux qu'il se fasse au plus tôt, je le veux.

(1) Camille, Hortense, au fond à gauche ; sur le devant de la scène, Darville, Brémont ; au fond, à droite, Dancour.

DARVILLE, *à sa fille.*

Viens.

HORTENSE, *bas à Camille.*

S'il fallait te voir aux regrets condamnée...

CAMILLE, *la poussant légèrement.*

Non. Il t'attend. Va...

DARVILLE, *à Brémont, qui se dispose à le suivre.*

Reste!...

SCÈNE XI.

BRÉMONT, CAMILLE, DANCOUR.

BRÉMONT, *d'un air radieux.*

Ah ! l'heureuse journée.
(Embrassant Camille.)
Ma chère enfant ! *(A Dancour.)*
Et vous qui refusiez tantôt
De me suivre ?...

DARVILLE, *criant du dehors.*

Brémont, ma canne !...

BRÉMONT.

Ah ! bien.

(Il va prendre sur le canapé la canne que Darville y a laissée et sort en courant par la porte du fond. Musique en sourdine à l'orchestre jusqu'à la chute du rideau.)

SCÈNE XII.

DANCOUR, CAMILLE.

DANCOUR, *s'approchant de Camille* (1).

Un mot :
S'il vous fallait un bras pour punir un parjure,
Camille, je suis prêt à venger votre injure.
Disposez de ma vie, elle est à vous.

CAMILLE, *feignant la surprise et les yeux toujours baissés.*

Pourquoi ?

DANCOUR, *baissant la voix.*

Ne vous avait-il pas déjà promis sa foi ?...

CAMILLE, *avec effort.*

Non. Et je ne me plains, Monsieur, d'aucune offense.
(*Elle détourne les yeux.*)

DANCOUR.

Mais... (*Il s'arrête et observe Camille. Il reprend avec effusion*).
N'est-ce pas que c'est une amère souffrance ?
Ah ! de quel nouveau coup m'accable le destin !...

CAMILLE.

Il a réalisé vos vœux de ce matin.

DANCOUR, *vivement.*

Camille ! épargnez-moi votre amère ironie :
A défaut de l'amour, que la douleur nous lie.

CAMILLE.

Je tiendrai mon serment.

(1) Dancour, Camille.

DANCOUR.

Vous m'avez mal compris.
Rassurez-vous ; pour moi, vous n'avez rien promis,
Mais laissez-moi vous voir ; souffrez que la parole
D'un frère malheureux vous aide et vous console.
Ah ! puisse de vos pleurs la source se tarir,
Puissé-je, comme avant, être seul à souffrir !...

CAMILLE, *entendant son père qui revient.*

Mon père !...

DANCOUR.

Oui... je comprends. (*Il prend son chapeau et se dispose à sortir*).

BRÉMONT, *à lui-même.*

Est-on plus ridicule ?...

DANCOUR.

Adieu, Monsieur Brémont. (*Brémont s'arrête surpris*).
Au revoir.

(*Il sort et Brémont regarde Camille comme pour lui demander la cause du départ de Dancour.*)

SCÈNE XIII.

BRÉMONT, CAMILLE.

CAMILLE, *à elle-même.*

Pauvre Jule !
Oh ! comme il doit souffrir !... (*Elle se lève précipitamment*).
Va, cours lui dire...

BRÉMONT, *prêt à sortir.*

Quoi ?...

CAMILLE, *se ravisant.*

Non, demain...

BRÉMONT.

Pourquoi donc s'en va-t-il ?... Est-ce toi...

CAMILLE.

Oui... je suis souffrante...

BRÉMONT.

Ah !... il fallait donc, ma chère,
Retenir le docteur.

CAMILLE, *avec explosion.*

Lui ?... jamais !...

(Brémont, à ce cri, éprouve comme un mouvement convulsif et regarde sa fille avec surprise et anxiété. Camille, qui ne peut plus contenir ses sanglots, se jette dans les bras de son père.

Mon bon père !...

Dancour paraît au fond, attiré par le cri de Camille, et donne les signes de la plus vive douleur.) — *(Tableau.)*

FIN DU TROISIÈME ET DERNIER ACTE.

www.ingramcontent.com/pod-product-compliance
Ingram Content Group UK Ltd.
Pitfield, Milton Keynes, MK11 3LW, UK
UKHW021109260726
13994UKWH00002B/814

9 782329 472089